국민연금공단

필기시험 모의고사

[6급갑 심사직]

제 1 회	영 역	직업기초능력평가, 종합직무지식평가
	문항수	60문항, 50문항
	시 간	60분, 50분
	비 고	객관식 4지선다형, 객관식 5지선다형

제 1 회 기출동형 모의고사

문항수 : 110문항
시 간 : 110분

직업기초능력평가(60문항/60분)

1. 국민연금공단에서는 아래의 글로 사내 교육을 진행할 예정이다. 빈칸에 들어갈 말을 질문했을 때 가장 적절하게 답한 사람은 누구인가?

기분관리 이론은 사람들의 기분과 선택 행동의 관계에 대해 설명하기 위한 이론이다. 이 이론의 핵심은 사람들이 현재의 기분을 최적 상태로 유지하려고 한다는 것이다. 따라서 기분관리 이론은 흥분 수준이 최적 상태보다 높을 때는 사람들이 이를 낮출 수 있는 수단을 선택한다고 예측한다. 반면에 흥분 수준이 낮을 때는 이를 회복시킬 수 있는 수단을 선택한다고 예측한다. 예를 들어, 음악 선택의 상황에서 전자의 경우에는 차분한 음악을 선택하고 후자의 경우에는 흥겨운 음악을 선택한다는 것이다. 기분조정 이론은 기분관리 이론이 현재 시점에만 초점을 맞추고 있다는 점을 지적하고 이를 보완하고자 한다. 기분조정 이론을 음악 선택의 상황에 적용하면, (　　　　　) 고 예측할 수 있다.

연구자 A는 음악 선택 상황을 통해 기분조정 이론을 검증하기 위한 실험을 했다. 그는 실험 참가자들을 두 집단으로 나누고 집단 1에게는 한 시간 후 재미있는 놀이를 하게 된다고 말했고, 집단 2에게는 한 시간 후 심각한 과제를 하게 된다고 말했다. 집단 1은 최적 상태 수준에서 즐거워했고, 집단 2는 최적 상태 수준을 벗어날 정도로 기분이 가라앉았다.

이때 연구자 A는 참가자들에게 기다리는 동안 음악을 선택하게 했다. 그랬더니 집단 1은 다소 즐거운 음악을 선택한 반면, 집단 2는 과도하게 흥겨운 음악을 선택했다. 그런데 30분이 지나고 각 집단이 기대하는 일을 하게 될 시간이 다가오자 두 집단 사이에는 뚜렷한 차이가 나타났다. 집단 1의 선택에는 큰 변화가 없었으나, 집단 2는 기분을 가라앉히는 차분한 음악을 선택하는 쪽으로 기분이 변하는 경향을 보인 것이다. 이러한 선택의 변화는 기분조정 이론을 뒷받침하는 것으로 간주되었다.

① A 사원 : 사람들은 현재의 기분을 지속하는 데 도움이 되는 음악을 선택한다.
② B 사원 : 사람들은 다음에 올 상황을 고려해 흥분을 유발할 수 있는 음악을 선택한다.
③ C 사원 : 사람들은 다음에 올 상황에 맞추어 현재의 기분을 조정하는 음악을 선택한다.
④ D 사원 : 사람들은 현재의 기분과는 상관없이 자신이 평소 선호하는 음악을 선택한다.

2. K사원은 근로복지공단의 심사직에 채용되어 아래의 자료를 분석 중이다. 밑줄 친 ㉠~㉣에 들어갈 가장 적절한 말은?

근로복지공단의 보장성 강화 정책이 발동됐지만 여전한 비급여 행위를 이유로 건강보험 보장률은 목표 수치인 70%를 훨씬 밑도는 63.8%로 조사됐다. 반면 산재보험의 경우는 보장률이 93.7%로 집계돼 주목받고 있다. 최근 근로복지공단이 공개한 '2019년 산재보험 진료비 본인부담금 실태조사 연구'에서는 산재보험 가입자가 병원을 이용할 때 지급하는 본인부담률은 6.3%로 나타났다. 즉 산재보험은 약 93.7% 정도의 (㉠)을 띄고 있음을 확인한 셈이다. 이 연구는 2018년 기준 지정 의료기관에서 제출한 진료비 내역서를 대상으로 했다. 입원 1,421건과 외래 9,174건 등 총 1만 595건이다. 입원은 1회 입원해 퇴원일까지 진료비 내역서 1건으로, 외래의 경우 내원일수를 기준으로 했다. 산재근로자 진료비 본인부담률은 전체 6.3%(입원 6.6%, 외래 1.3%)로 나타났다. 이를 요양기관 종별로 살펴보면, 종합병원(전체 7.7%, 입원 7.8%, 외래 3.8%)이 가장 높았으며, 그다음으로 병원(전체 6.6%, 입원 7.0%, 외래 1.2%), 상급종합병원(전체 6.5%, 입원 6.6%, 외래 5.3%), 의원(전체 3.0%, 입원 3.3%, 외래 0.3%)의 순으로 나타났다. 진료 건수가 가장 많은 진료과는 정형외과, 재활의학과, 신경외과의 순이었으며, 진료비 본인부담률이 가장 높은 과는 성형외과(전체건 13.0%, 본인 부담 건 13.0%)로 조사됐다. 이번 조사를 통해 확인된 산재보험 평균 건당 진료비 총액은 61만 710원이며, 본인부담금은 3만 8,512원이었다. 전체 진료비 중 가장 많은 비율을 차지하는 항목은 입원료(30.8%), 처치 및 수술료(12.1%), 재활 및 물리치료료(11.5%)로 집계됐다. 본인부담금 중 가장 많은 비율을 차지하는 항목은 치료재료대(38.0%), 그다음이 주사료(20.6%), 투약 및 조제료(4.7%)였다. 그간 근로복지공단은 산재보험의 보장성을 강화하기 위해 비급여 (㉡)를 진행했고 이를 기반으로 급여화를 추진했다. 93.7%의 보장률의 근거이기도 하다. 일례로 이학요법료 산정횟수 추가인정, 초음파, MRI 진단료, 치과보철료, 재활보조기구, 보험급여청구를 위한 진단서비용, 연령 제한 없이 인정하는 치과임플란트, 보청기, 신경인지검사 등 본인부담금의 많은 부분을 차지했던 항목을 보장하는 형태로 전환시켰다. 이러한 결과로 과거에 본인부담금의 높은 비율을 차지하던 초음파, MRI 등은 본인부담금이 거의 발생하지 않았다. 다만, 일반의료기관이 아닌 권역외상센터로 범위를 좁히면 본인부담률은 9.4%로 다소 높았다. 특히 상급종합병원 권역외상센터의 본인부담률은 9.8%로 주로 치료재료대와 주사약품비에서 발생했다. 치료재료대 항목 중 약 50%가 압박고정용 재료와 드레싱 품목류, 배액관 고정류에서 발생하는 것으로 나타났다. 주사약품비에서는 해열·진통·소염제, 자율신경계 두 항목에서 약 45.1%의 점유율을 보였다. 보고서는 "더 높은 보장률을 얻기 위해서는 (㉢) 영역으로 남겨진 치료재료와 의약품을 급여화된 품목으로 전환시키는 노력이 필요하다"고 언급했다. 실제로 치료재료의 경우 드레싱 품목류, 외과수술용 선택 품목류, 압박고정용 재료, 붕대류, 배액관 고정류, 창상봉합용 접착제, 혈액 및 용액 주입 용류, 기타 재료, 카테터 등이 주로 청구된다. 이들 비급여 제품들 중 급여 제품으로 대체할 수 있음에도 불구하고 비급여 제품을 사용하는 의료기관이 있어 이에 대한 관리감독이 필요하다는 제안이다. 또 "비급여 약품들의 사용 적정성을 판단해서 사용할 수 있는 급여제품들이 있는지에 대해 확인한 후 가능한 의료기관에서 급여제품을 사용할 수 있도록 (㉣)해 과잉치료와 약물 남용을 막아야 한다"고 덧붙였다.

	㉠	㉡	㉢	㉣
①	재해성	검사	미지급	보완
②	보장성	실태조사	비급여	지도
③	유사성	원인관계	미개척	강화
④	연관성	해체	미전환	남용

3. 다음은 어느 공문서의 내용이다. 잘못된 부분을 수정하려고 할 때 옳지 않은 것은?

대한기술평가원

수신자 : 대한기업, 민국기업, 만세기업, 사랑기업, 서준기업 등

(경유)

제목 : 2015년 하반기 기술신용보증 및 기술평가 설명회 안내

〈중략〉

-아래-

1. 일시 : 2015년 8월 6일 목요일 ~ 8월 9일 일요일
2. 장소 : 대한기술평가원 대강당(서울 강남구 삼성동 소재)
3. 접수방법 : 대한기술평가원 홈페이지(fdjlkkl@dh.co.kr)에서 신청서 작성 후 방문 및 온라인 접수

붙임 : 2015년 하반기 기술신용보증 및 기술평가 설명회 신청서 1부

대한기술평가원장

과장 홍길동　　부장 임꺽정　　대결 홍경래

협조자

시행 : 기술신용보증평가부-150229(2015.06.13)

접수 : 서울 강남구 삼성동 113 대한기술평가원 기술신용보증평가부 /http : //www.dh.co.kr

전화 : 02-2959-2225

팩스 : 02-7022-1262/fdjlkkl@dh.co.kr/공개

① 시행 항목의 시행일자 뒤에 수신기관의 문서보존기간을 삽입해야 한다.

② 붙임 항목 맨 뒤에 "."을 찍고 1자 띄우고 '끝.'을 기입해야 한다.

③ 일시의 연월일을 온점(.)으로 고쳐야 한다.

④ 수신자 목록을 발신명의 아래에 수신처 참조 목록으로 내려 기입해야 한다.

4. 다음 글은 사회보장제도와 국민연금에 관한 내용이다. 다음 글을 읽고 정리한 〈보기〉의 내용 중 빈칸 (가), (나)에 들어갈 적절한 말이 순서대로 나열된 것은?

산업화 이전의 사회에서도 인간은 질병·노령·장애·빈곤 등과 같은 문제를 겪어 왔습니다. 그러나 이 시기의 위험은 사회구조적인 차원의 문제라기보다는 개인적인 문제로 여겨졌습니다. 이에 따라 문제의 해결 역시 사회구조적인 대안보다는 개인이나 가족의 책임 아래에서 이루어졌습니다.

그러나 산업사회로 넘어오면서 환경오염, 산업재해, 실직 등과 같이 개인의 힘만으로는 해결하기 어려운 각종 사회적 위험이 부각되었고, 부양 공동체 역할을 수행해오던 대가족 제도가 해체됨에 따라, 개인 차원에서 다루어지던 다양한 문제들이 국가 개입 필요성이 요구되는 사회적 문제로 대두되기 시작했습니다.

이러한 다양한 사회적 위험으로부터 모든 국민을 보호하여 빈곤을 해소하고 국민생활의 질을 향상시키기 위해 국가는 제도적 장치를 마련하였는데, 이것이 바로 사회보장제도입니다. 우리나라에서 시행되고 있는 대표적인 사회보장제도는 국민연금, 건강보험, 산재보험, 고용보험, 노인장기요양보험 등과 같은 사회보험제도, 기초생활보장과 의료보장을 주목적으로 하는 공공부조제도인 국민기초생활보장제도, 그리고 노인·부녀자·아동·장애인 등을 대상으로 제공되는 다양한 사회복지서비스 등이 있습니다. 우리나라의 사회보장제도는 1970년대까지만 해도 구호사업과 구빈정책 위주였으나, 1970년대 후반에 도입된 의료보험과 1988년 실시된 국민연금제도를 통해 그 외연을 확장할 수 있었습니다.

이처럼 다양한 사회보장제도 중에서 국민연금은 보험원리에 따라 운영되는 대표적인 사회보험제도라고 할 수 있습니다. 즉, 가입자, 사용자로부터 일정액의 보험료를 받고, 이를 재원으로 사회적 위험에 노출되어 소득이 중단되거나 상실될 가능성이 있는 사람들에게 다양한 급여를 제공하는 제도입니다. 국민연금제도를 통해 제공되는 급여에는 노령으로 인한 근로소득 상실을 보전하기 위한 노령연금, 주소득자의 사망에 따른 소득 상실을 보전하기 위한 유족연금, 질병 또는 사고로 인한 장기 근로능력 상실에 따른 소득상실을 보전하기 위한 장애연금 등이 있으며, 이러한 급여를 지급함으로써 국민의 생활안정과 복지증진을 도모하고자 합니다.

〈보기〉

사회보장(광의)	사회보장(협의)	사회보험	건강보험, (가), 고용보험, 노인장기요양보험
			공적연금 : 노령연금, 유족연금, (나)
		공공부조 : 생활보장, 의료보장, 재해보장	
		사회복지서비스(노인 · 부녀자 · 아동 · 장애인복지 등)	
	관련제도	주택 및 생활환경, 지역사회개발, 공중보건 및 의료	
		영양, 교육, 인구 및 고용대책	

① 연금급여, 사회보험

② 산재보험, 장애연금

③ 사회보험, 연금급여

④ 사회보험, 장애연금

5. **다음 청첩장의 용어를 한자로 바르게 표시하지 못한 것은?**

> 알림
>
> 그동안 저희를 아낌없이 돌봐주신 여러 어른들과 지금까지 옆을 든든히 지켜준 많은 벗들이 모인 자리에서 저희 두 사람이 작지만 아름다운 결혼식을 올리고자 합니다. 부디 바쁘신 가운데 잠시나마 참석하시어 자리를 빛내주시고 새로운 출발을 하는 저희들이 오랫동안 행복하게 지낼 수 있도록 기원해 주시기 바랍니다.
>
> 고○○ · 허○○ 의 장남 희동
> 박○○ · 장○○ 의 차녀 선영
>
> 다음
>
> 1. 일시 : 2015년 10월15일 낮 12시 30분
> 2. 장소 : 경기도 파주시 ○○구 ○○동 좋아웨딩홀 2층 사파이어홀
> 3. 연락처 : 031-655-××××
>
> 첨부 : 좋아웨딩홀 장소 약도 1부

① 결혼식 - 結婚式

② 참석 - 參席

③ 행복 - 幸福

④ 기원 - 起源

6. **다음 글의 내용을 참고할 때, 빈칸에 들어갈 말로 가장 적절하지 않은 것은?**

> 2014년 7월부터 65세 이상 노인의 70%를 대상으로 기초연금제도가 시행되고 있다. 기초연금은 기존 기초노령연금과 비교할 때 급여액이 최대 2배 상향되었고, 이는 기존 2028년으로 예정되어 있었던 급여 인상 스케줄을 약 15년 앞당겼다는 점에서 우리나라의 높은 노인 빈곤 해소 및 노인들의 생활안정에 기여할 것으로 기대되고 있다.
>
> 이러한 기초연금이 제도의 본래 목적을 잘 달성하고 있는지, 또한 기초연금 수급자에게 미치는 영향이나 효과는 어떠한지 제도가 시행된 지 현 시점에서 검토하고 평가할 필요가 있다. 보다 구체적으로는 (   ) 등이 그 예가 될 수 있겠다.
>
> 분석결과, 기초연금 도입을 통해 소득이 증가하고 지출이 증가하는 등 수급자들의 가계경제가 안정되었으며, 이외에도 기초연금은 수급자들에게 생활이 안정되면서 심리적으로도 안정되고 가족들과의 관계에서도 당당함을 느낄 뿐 아니라 사회로부터 존중받는 느낌을 받는 등 긍정적인 역할을 하고 있다는 것을 확인하였다. 또한 수급자들이 느끼는 일상생활에서의 만족과 우울, 행복 수준에 대해서도 긍정적인 영향을 미치고 있었으며 사회적 관계가 더 좋아졌고 미래를 긍정적으로 생각할 수 있도록 도움을 주고 있다는 점을 확인할 수 있었다.

① 노인의 소득이 증가하면서 그에 따라 수급자들의 지출이 증가하였는지

② 기초연금제도에 대한 만족도와 같은 수급자들의 평가는 어떠한지

③ 기초연금이 생활에 얼마나 도움을 주고 있는지

④ 기초연금 수급으로 인해 자녀들의 부양비용이 얼마나 감소되었는지

7. **다음에 주어진 자료를 활용하여 '능률적인 업무 처리 방법 모색'에 대한 기획안을 구상하였다. 적절하지 않은 것은?**

> (가) 한 나무꾼이 땔감을 구하기 위해 열심히 나무를 베고 있었는데 갈수록 힘만 들고 나무는 잘 베어지지 않았다. 도끼날이 무뎌진 것을 알아채지 못한 것이다. 나무꾼은 지칠 때까지 힘들게 나무를 베다가 결국 바닥에 드러눕고 말았다.
>
> (나) 펜을 떼지 말고 한 번에 점선을 모두 이으시오. (단, 이미 지난 선은 다시 지날 수 없다.)
>
> 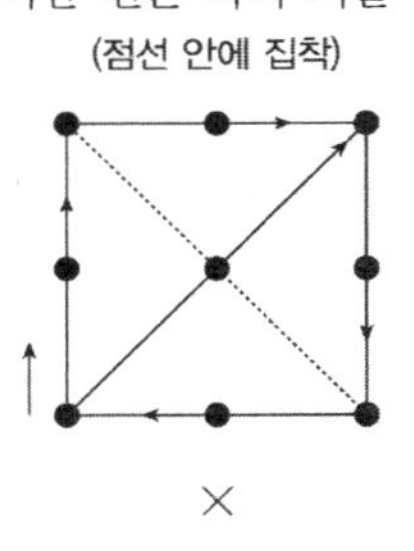
>
>
> 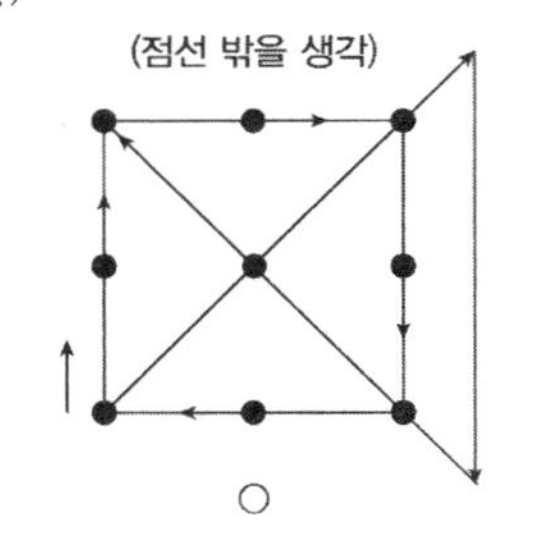
>

(가)		(나)
날이 무딘 도끼로 나무를 베는 것은 비능률적인 일이다.	자료해석	점선 안에만 집착하면 문제를 해결하지 못한다.
↓ ①	↓	↓ ②
근본적인 원인을 찾아야 문제를 해결할 수 있다.	의미추출	고정된 사고의 틀을 벗어나는 창의적 발상이 필요하다.
	↓	
끈기 있게 노력하지 않고 좋은 결과를 바라는 업무 태도를 개선하는 데 적용한다. ③	적용 대상 모색	고정 관념에 빠져 새로운 문제 해결 방안을 모색하지 못하는 업무 태도를 개선하는 데 적용한다. ④
	↓	
	주제 발견 : 문제의 진단과 해결 방안의 모색	

8. **다음은 시공업체 선정 공고문의 일부이다. 이를 통해 알 수 있는 경쟁 매매 방식에 대한 적절한 설명을 모두 고른 것은?**

> 시공업체 공고문
>
> 공고 제2016-5호
>
> ○○기업의 사원연수원 설치에 참여할 시공업체를 다음과 같이 선정하고자 합니다.
>
> 1. 사업명 : ○○기업의 사원연수원 설치 시공업체 선정
> 2. 참가조건 : △△ 지역 건설업체로 최근 2년 이내에 기업 연수원 설치 참여 기업
> 3. 사업개요 : ○○기업 홈페이지 공지사항 참고
> 4. 기타 : 유찰 시에는 시공업체 선정을 재공고 할 수 있음

> ㉠ 입찰 참가자는 주로 서면으로 신청한다.
> ㉡ 최저 가격을 제시한 신청자가 선정된다.
> ㉢ 신속하게 처리하기 위한 경매에 해당한다.
> ㉣ 판매자와 구매자 간 동시 경쟁으로 가격이 결정된다.

① ㉠㉡ ② ㉠㉢
③ ㉡㉢ ④ ㉢㉣

9. **다음은 (주)○○의 자금 조달에 관한 대화이다. 이 대화에서 재무 팀장의 제시안을 시행할 경우 나타날 상황으로 적절한 것을 모두 고른 것은?**

> 사장 : 독자적인 신기술 개발로 인한 지식 재산권 취득으로 생산 시설 확충 자금이 필요합니다.
> 사원 : 주식이나 채권발행이 좋을 것 같습니다.
> 재무팀장 : 지식 재산권 취득으로 본사에 대한 인지도가 높아졌기 때문에 보통주 발행이 유리합니다.

> ㉠ 자기 자본이 증가하게 된다.
> ㉡ 이자 부담이 증가하게 된다.
> ㉢ 투자자에게 경영 참가권을 주어야 한다.
> ㉣ 투자자에게 원금 상환 의무를 지게 된다.

① ㉠㉡ ② ㉠㉢
③ ㉡㉢ ④ ㉢㉣

10. 다음은 재해복구사업에 관한 내용이다. 이를 이해한 내용으로 옳지 않은 것은?

> 1. 목적 : 풍수해로 인한 수리시설 및 방조제를 신속히 복구하여 안전영농 실현
> 2. 근거법령 : 자연재해대책법 제46조(재해복구계획의 수립 · 시행)
> 3. 사업시행자
> • 복구계획 : 시장 · 군수 책임 하에 시행
>   –시 · 군관리 수리시설 : 시장 · 군수
>   –공사(公社)관리 수리시설 : 공사 사장
> • 하천, 도로, 수리시설, 농경지 복구를 2개 사업 이상 동시에 하여야 할 경우는 시장 · 군수가 주된 실시자를 지정하여 통합실시 가능
> 4. 재원 : 국고(70%), 지방비(30%)
> • 국고(70%) : 재해대책예비비(기획재정부) – 피해 발생시 소관 부처로 긴급배정
> • 지방비(30%) : 지자체(시 · 도 및 시 · 군)별로 재해대책기금 자체 조성
> 5. 사업(지원) 대상 : 1개소의 피해액이 3천만 원 이상이고, 복구액이 5천만 원 이상인 경우 지원
> 6. 추진방향
> • 국자재원 부담능력을 고려, 기능복원 원칙을 유지
>   –기능복원사업 : 본래 기능을 유지할 수 있도록 현지여건에 맞추어 복원
>   –개선복구사업 : 피해 발생 원인을 근원적으로 해소하거나 피해 시설의 기능을 개선
> • 모든 사업은 가능한 당해 연도에 마무리 되도록 하고, 규모가 큰 시설은 다음 영농기 이전까지 복구 완료
> • 홍수량 배제능력이 부족한 저수지 등의 주요시설 복구는 개선복구를 원칙
> • 유실 · 매몰 피해 농경지가 대규모인 곳은 가능한 경지정리 사업과 병행하여 복구하고, 도로 및 하천과 농경지가 같은 피해를 입은 지역은 동시 시행계획을 수립하여 종합 개발 방식으로 복구(소관청별 사업비는 구분)
> • 행정절차는 간소화하고 복구공사를 선 착공

① 피해액이 3천만 원이고, 복구액이 4천만 원인 경우는 지원대상이 아니다.

② 하천과 농경지 복구의 2개 사업을 동시에 해야 되는 경우에는 통합실시가 가능하다.

③ 재원이 국고인 경우에는 기획재정부가 예산을 배정한다.

④ 국가재원 부담능력을 고려하여 예외 없이 모든 재해복구는 기능복원을 원칙으로 한다.

11. 다음 글의 내용이 참일 때, 반드시 참인 진술은?

> • 김 대리, 박 대리, 이 과장, 최 과장, 정 부장은 A 회사의 직원들이다.
> • A 회사의 모든 직원은 내근과 외근 중 한 가지만 한다.
> • A 회사의 직원 중 내근을 하면서 미혼인 사람에는 직책이 과장 이상인 사람은 없다.
> • A 회사의 직원 중 외근을 하면서 미혼이 아닌 사람은 모두 그 직책이 과장 이상이다.
> • A 회사의 직원 중 외근을 하면서 미혼인 사람은 모두 연금 저축에 가입해 있다.
> • A 회사의 직원 중 미혼이 아닌 사람은 모두 남성이다.

① 갑 : 김 대리가 내근을 한다면, 그는 미혼이다.

② 을 : 박 대리가 미혼이면서 연금 저축에 가입해 있지 않다면, 그는 외근을 한다.

③ 병 : 이 과장이 미혼이 아니라면, 그는 내근을 한다.

④ 정 : 최 과장이 여성이라면, 그는 연금 저축에 가입해 있다.

12. 다음 글의 내용이 참일 때, 우수사원으로 반드시 표창받는 사람의 수는?

> 지난 1년간의 평가에 의거하여, 우수사원 표창을 하고자 한다. 세 개의 부서에서 갑, 을, 병, 정, 무 다섯 명을 표창 대상자로 추천했는데, 각 부서는 근무평점이 높은 순서로 추천하였다. 이들 중 갑, 을, 병은 같은 부서 소속이고 갑의 근무평점이 가장 높다. 추천된 사람 중에서 아래 네 가지 조건 중 적어도 두 가지를 충족하는 사람만 우수사원으로 표창을 받는다.
>
> > • 소속 부서에서 가장 높은 근무평점을 받아야 한다.
> > • 근무한 날짜가 250일 이상이어야 한다.
> > • 직원 교육자료 집필에 참여한 적이 있으면서, 직원 연수교육에 3회 이상 참석하여야 한다.
> > • 정부출연연구소에서 활동한 사람은 그 활동 보고서가 인사부서에 공식 자료로 등록되어야 한다.
>
> 지난 1년 동안 이들의 활동 내역은 다음과 같다.
> – 25 0일 이상을 근무한 사람은 을, 병, 정이다.
> – 갑, 병, 무 세 명 중에서 250일 이상을 근무한 사람은 모두 자신의 정부출연연구소 활동 보고서가 인사부서에 공식자료로 등록되었다.
> – 만약 갑이 직원 교육자료 집필에 참여하지 않았거나 무가 직원 교육자료 집필에 참여하지 않았다면, 다섯 명의 후보 중에서 근무한 날짜의 수가 250일 이상인 사람은 한 명도 없다.
> – 정부출연연구소에서 활동한 적이 없는 사람은 모두 직원 연수교육에 1회 또는 2회만 참석했다.
> – 그리고 다섯 명의 후보 모두 직원 연수교육에 3회 이상 참석했다.

① 1명
② 2명
③ 3명
④ 4명

13. 다음은 고령화 시대의 노인 복지 문제라는 제목으로 글을 쓰기 위해 수집한 자료이다. 자료를 모두 종합하여 설정할 수 있는 논지 전개 방향으로 가장 적절한 것은?

㉠ 노령화 지수 추이(통계청)

연도	1990	2000	2010	2020	2030
노령화 지수	20.0	34.3	62.0	109.0	186.6

※ 노령화 지수 : 유년인구 100명당 노령인구

㉡ 경제 활동 인구 한 명당 노인 부양 부담이 크게 증가할 것으로 예상된다. 노인 인구에 대한 의료비 증가로 건강보험 재정도 위기 상황에 처할 수 있을 것으로 보인다. 향후 노인 요양 시설 및 재가(在家) 서비스를 위해 부담해야 할 투자비용도 막대하다.

– 00월 00일 ○○뉴스 중

㉢ 연금 보험이나 의료 보험 같은 혜택도 중요하지만 우리 같은 노인이 경제적으로 독립할 수 있도록 일자리를 만들어 주는 것이 더 중요한 것 같습니다.

– 정년 퇴직자의 인터뷰 중 –

① 노인 인구의 증가 속도에 맞춰 노인 복지 예산 마련이 시급한 상황이다. 노인 복지 예산을 마련하기 위한 구체적 방안은 무엇인가?
② 노인 인구의 급격한 증가로 여러 가지 사회 문제가 나타날 것으로 예상된다. 이러한 상황의 심각성을 사람들에게 어떻게 인식시킬 것인가?
③ 노인 인구의 증가가 예상되면서 노인 복지 대책 또한 절실히 요구되고 있다. 이러한 상황에서 노인 복지 정책의 바람직한 방향은 무엇인가?
④ 노인 인구가 증가하면서 노인 복지 정책에 대한 노인들의 불만도 높아지고 있다. 이러한 불만을 해소하기 위해서 정부는 어떠한 노력을 해야 하는가?

14. 다음 안내사항을 바르게 이해한 것은?

2015년 5월 1일부터 변경되는 "건강보험 임신 · 출산 진료비 지원제도"를 다음과 같이 알려드립니다.

건강보험 임신 · 출산 진료비 지원제도란 임신 및 출산에 관련한 진료비를 지불할 수 있는 이용권(국민행복카드)을 제공하여 출산 친화적 환경을 조성하기 위해 건강보험공단에서 지원하는 제도입니다.

- 지원금액 : 임신 1회당 50만원(다태아 임신부 70만원)
- 지원방법 : 지정요양기관에서 이용권 제시 후 결제
- 지원기간 : 이용권 수령일~분만예정일+60일

가. 시행일 : 2015.5.1.
나. 주요내용
(1) '15.5.1. 신청자부터 건강보험 임신 · 출산 진료비가 국민행복카드로 지원
(2) 건강보험 임신 · 출산 진료비 지원 신청 장소 변경
(3) 지원금 승인코드 일원화(의료기관, 한방기관 : 38코드)
(4) 관련 서식 변경
– 변경서식 : 건강보험 임신 · 출산 진료비 지원 신청 및 확인서(별지 2호 서식)
– 변경내용 : 카드구분 폐지

① 건강보험 임신 · 출산 진료비 지원제도는 연금공단에서 지원하는 제도이다.
② 임신지원금은 모두 동일하게 일괄 50만원이 지급된다.
③ 지원금 승인코드는 의 · 한방기관 모두 '38'코드로 일원화된다.
④ 지원기간은 이용권 수령일로부터 분만예정일까지이며 신청자에 한해서 기간이 연장된다.

15. ○○은행에서 창구업무를 보던 도중 한 고객이 입금하려던 예금액 500만 원이 분실되었다. 경찰은 3명의 용의자 A, B, C를 검거하였다. 그러나 세 명의 용의자는 하나같이 자신이 범인이 아니라고 했지만 셋 중 하나가 범인임에 틀림없다. 세 사람이 각각 진술한 3개의 진술 중 하나의 진술은 참이고, 나머지는 거짓이다. 다음 중 범인과 참인 진술로 바르게 짝지어진 것은?

A의 진술
㉠ B가 범인이다.
㉡ 우리 집에는 사과가 많이 있다.
㉢ 나는 C를 몇 번 만난 적이 있다.
B의 진술
㉠ 내가 범인이다.
㉡ A의 두 번째 말은 거짓이다.
㉢ A와 C는 한 번도 만난 적이 없다.
C의 진술
㉠ A가 범인이다.
㉡ B의 두 번째 말은 진실이다.
㉢ 나는 A를 한 번도 만난 적이 없다.

① 범인은 C, 참인 진술은 A의 ㉢ - B의 ㉡
② 범인은 A, 참인 진술은 A의 ㉡ - C의 ㉠
③ 범인은 C, 참인 진술은 C의 ㉡ - B의 ㉢
④ 범인은 B, 참인 진술은 A의 ㉢ - C의 ㉢

16. T 음료회사는 신제품 출시를 위해 시제품 3개를 만들어 전직원을 대상으로 블라인드 테스트를 진행한 후 기획팀에서 회의를 하기로 했다. 독창성, 대중성, 개인선호도 세 가지 영역에 총 15점 만점으로 진행된 테스트 결과가 다음과 같을 때, 기획팀 직원들의 발언으로 옳지 않은 것은?

	독창성	대중성	개인선호도	총점
시제품 A	5	2	3	10
시제품 B	4	4	4	12
시제품 C	2	5	5	12

① 우리 회사의 핵심가치 중 하나가 창의성 아닙니까? 저는 독창성 점수가 높은 A를 출시해야 한다고 생각합니다.
② 독창성이 높아질수록 총점이 낮아지는 것을 보지 못하십니까? 저는 그 의견에 반대합니다.
③ 무엇보다 현 시점에서 회사의 재정상황을 타개하기 위해서는 대중성을 고려하여 높은 이윤이 날 것으로 보이는 C를 출시해야 하지 않겠습니까?
④ 저도 대중성과 개인 선호도가 높은 C를 출시해야 한다고 생각합니다.

17. 다음 〈상황〉과 〈조건〉을 근거로 판단할 때 옳은 것은?

〈상황〉
A대학교 보건소에서는 4월 1일(월)부터 한 달 동안 재학생을 대상으로 금연교육 4회, 금주교육 3회, 성교육 2회를 실시하려는 계획을 가지고 있다.

〈조건〉
- 금연교육은 정해진 같은 요일에만 주 1회 실시하고, 화, 수, 목요일 중에 해야 한다.
- 금주교육은 월요일과 금요일을 제외한 다른 요일에 시행하며, 주 2회 이상은 실시하지 않는다.
- 성교육은 4월 10일 이전, 같은 주에 이틀 연속으로 실시한다.
- 4월 22일부터 26일까지 중간고사 기간이고, 이 기간에 보건소는 어떠한 교육도 실시할 수 없다.
- 보건소의 교육은 하루에 하나만 실시할 수 있고, 토요일과 일요일에는 교육을 실시할 수 없다.
- 보건소는 계획한 모든 교육을 반드시 4월에 완료하여야 한다.

① 금연교육이 가능한 요일은 화요일과 수요일이다.
② 4월 30일에도 교육이 있다.
③ 금주교육은 4월 마지막 주에도 실시된다.
④ 성교육이 가능한 일정 조합은 두 가지 이상이다.

18. 다음 진술이 참이 되기 위해 꼭 필요한 전제를 〈보기〉에서 고르면?

반장은 반에서 인기가 많다.

〈보기〉
㉠ 머리가 좋은 친구 중 몇 명은 반에서 인기가 많다.
㉡ 얼굴이 예쁜 친구 중 몇 명은 반에서 인기가 많다.
㉢ 반장은 머리가 좋다.
㉣ 반장은 얼굴이 예쁘다.
㉤ 머리가 좋거나 얼굴이 예쁘면 반에서 인기가 많다.
㉥ 머리가 좋고 얼굴이 예쁘면 반에서 인기가 많다.

① ㉠㉢
② ㉡㉣
③ ㉢㉥
④ ㉣㉤

19. 다음 조건을 바탕으로 김 대리가 월차를 쓰기에 가장 적절한 날은 언제인가?

> ㉠ 김 대리는 반드시 이번 주에 월차를 쓸 것이다.
> ㉡ 김 대리는 실장님 또는 팀장님과 같은 날, 또는 공휴일에 월차를 쓸 수 없다.
> ㉢ 팀장님이 월요일에 월차를 쓴다고 하였다.
> ㉣ 0실장님이 김 대리에게 우선권을 주어 월차를 쓸 수 있는 요일이 수, 목, 금이 되었다.
> ㉤ 김 대리는 5일에 붙여서 월차를 쓰기로 하였다.
> ㉥ 이번 주 5일은 공휴일이며, 주중에 있다.

① 월요일 ② 화요일
③ 수요일 ④ 목요일

20. $A \sim G$ 7명이 저녁식사를 하고, 서울역에서 모두 지하철 1호선 또는 4호선을 타고 귀가하였다. 그런데 이들이 귀가하는데 다음과 같은 조건을 따랐다고 할 때, A가 1호선을 이용하지 않았다면, 다음 중 가능하지 않은 것은?

> ㉠ 1호선을 이용한 사람은 많아야 3명이다.
> ㉡ A는 D와 같은 호선을 이용하지 않았다.
> ㉢ F는 G와 같은 호선을 이용하지 않았다.
> ㉣ B는 D와 같은 호선을 이용하였다.

① B는 지하철 1호선을 탔다.
② C는 지하철 4호선을 탔다.
③ E는 지하철 1호선을 탔다.
④ F는 지하철 1호선을 탔다.

21. 서울에 거주하고 있는 사람이 1,000만 명이라고 한다. 가구는 4명으로 구성되어 있고, 가구 중 절반만 정수기를 사용한다고 한다. 가구는 3개월에 1번 정수기를 점검받는다고 할 때, 정수기 직원은 4시간에 5가구의 정수기를 점검할 수 있다고 한다. 정수기 직원은 하루 8시간, 일주일에 5일 근무하고, 1년은 총 50주로 구성되어져 있다고 할 때, 서울의 정수기 직원은 몇 명이 필요한가?

① 1,800명
② 2,000명
③ 2,200명
④ 2,400명

22. 다음은 세 골프 선수 갑, 을, 병의 9개 홀에 대한 경기결과를 나타낸 표이다. 이에 대한 설명으로 옳은 것을 모두 고른 것은?

홀번호	1	2	3	4	5	6	7	8	9	타수 합계
기준 타수	3	4	5	3	4	4	4	5	4	36
갑	0	x	0	0	0	0	x	0	0	34
을	x	0	0	0	y	0	0	y	0	( )
병	0	0	0	x	0	0	0	y	0	36

※ 기준 타수 : 홀마다 정해져 있는 타수를 말함
※ x, y는 개인 타수－기준 타수의 값
0은 기준 타수와 개인 타수가 동일함을 의미

> ㉠ x는 기준 타수보다 1타를 적게 친 것을 의미한다.
> ㉡ 9개 홀의 타수의 합은 갑와 을이 동일하다.
> ㉢ 세 선수 중에서 타수의 합이 가장 적은 선수는 갑이다.

① ㉠
② ㉠㉡
③ ㉠㉢
④ ㉡㉢

23. 아버지가 9만 원을 나눠서 세 아들에게 용돈을 주려고 한다. 첫째 아들과 둘째 아들은 2:1, 둘째 아들과 막내아들은 5:3의 비율로 주려고 한다면 막내아들이 받는 용돈은 얼마인가?

① 12,000원
② 13,000원
③ 14,000원
④ 15,000원

24. 다음은 국민연금 보험료를 산정하기 위한 소득월액 산정 방법에 대한 설명이다. 다음 설명을 참고할 때, 김갑동 씨의 신고 소득월액은 얼마인가?

> 소득월액은 입사(복직) 시점에 따른 근로자간 신고 소득월액 차등이 발생하지 않도록 입사(복직) 당시 약정되어 있는 급여 항목에 대한 1년치 소득총액에 대하여 30일로 환산하여 결정하며, 다음과 같은 계산 방식을 적용한다.
> - 소득월액 = 입사(복직) 당시 지급이 약정된 각 급여 항목에 대한 1년간 소득총액 ÷ 365 × 30

〈김갑동 씨의 급여 내역〉

- 기본급 : 1,000,000원
- 교통비 : 월 100,000원
- 고정 시간외 수당 : 월 200,000원
- 분기별 상여금 : 기본급의 100%(1, 4, 7, 10월 지급)
- 하계휴가비(매년 7월 지급) : 500,000원

① 1,645,660원 ② 1,652,055원
③ 1,668,900원 ④ 1,727,050원

25. 4명의 회의 참석자가 일렬로 테이블에 앉았다. 각 좌석에 이름표를 붙여놓아 자리가 지정되어 있었으나 참석자들은 그 사실을 모르고 그냥 마음대로 자리에 앉았다. 이런 경우 한 명만 정해진 자신의 자리에 앉고, 나머지 세 명은 자신의 자리에 앉지 않게 될 경우의 수를 구하면?

① 4가지 ② 6가지
③ 8가지 ④ 10가지

26. 다음은 과거 우리나라의 연도별 국제 수지표이다. 이에 대한 설명으로 옳은 것을 〈보기〉에서 고른 것은?

항목 \ 연도	2012년	2013년	2014년
(가)	−35억 달러	−28억 달러	−1억 달러
상품수지	−30억 달러	−20억 달러	7억 달러
서비스수지	−10억 달러	−5억 달러	−12억 달러
(나)	10억 달러	−13억 달러	5억 달러
이전소득수지	5억 달러	10억 달러	−1억 달러
자본 · 금융계정	17억 달러	15억 달러	15억 달러
자본수지	5억 달러	7억 달러	−3억 달러
금융계정	12억 달러	8억 달러	18억 달러

※ 소득수지는 본원소득수지로, 경상이전수지는 이전소득수지로, 자본수지는 자본금융계정으로, 기타자본수지는 자본수지로, 투자수지는 금융계정으로 변경하여 현재 사용하고 있음.

〈보기〉

㉠ (가)의 적자가 지속되면 국내 통화량이 증가하여 인플레이션이 발생할 수 있다.
㉡ 국내 기업이 보유하고 있는 외국인의 배당금을 해외로 송금하면 (나)에 영향을 미친다.
㉢ 국내 기업이 외국에 주식을 투자할 경우 영향을 미치는 수지는 흑자가 지속되고 있다.
㉣ 외국 기업이 보유한 특허권 이용료 지불이 영향을 미치는 수지는 흑자가 지속되고 있다.

① ㉠㉡ ② ㉠㉢
③ ㉡㉢ ④ ㉢㉣

▌27~28▐ 다음 상황과 자료를 보고 물음에 답하시오.

발신인	(주)바디버디 권○○ 대리
수신인	갑, 을, 병, 정
내용	안녕하세요! (주)바디버디 권○○ 대리입니다. 올해 상반기 업계 매출 1위 달성을 기념하여 현재 특별 프로모션이 진행되고 있습니다. 이번 기회가 기업용 안마의자를 합리적인 가격으로 구입하실 수 있는 가장 좋은 시기라고 여겨집니다. 아래에 첨부한 설명서와 견적서를 꼼꼼히 살펴보시고 궁금한 사항에 대해서 언제든 문의하시기 바랍니다.
첨부파일	구매 관련 설명서 #1, #2, 견적서 #3, #4, #5

구매 관련 설명서 #1

구분	리스	현금구입(할부)
기기명의	리스회사	구입자
실 운영자	리스이용자(임대인)	구입자
중도 해약	가능	-
부가가치세	면세 거래	-
기간 만료	반납/매입/재 리스	-

구매 관련 설명서 #2

- 절세 효과: 개인 사업자 및 법인 사업자는 매년 소득에 대한 세금을 납부합니다. 이때, 신고, 소득에 대한 과세대상금액에서 리스료(리스회사에 매월 불입하는 불입금)전액을 임차료 성격으로서 제외시킬 수 있습니다. (법인세법상 리스료의 비용인정 - 법인세법 제18조에 의거 사업용 자산에 대한 임차료로 보아 필요경비로 인정함.)

적용세율(주민세 포함)			
법인 사업자		개인 사업자	
과세표준 구간	적용세율	과세표준구간	적용 세율
2억 이하	11.2%	1,200만 원 이하	8.8%
2억 초과	22.4%	1,200만 원 초과 ~4,600만 원 이하	18.7%
		4,600만 원 초과 ~8,800만 원 이하	28.6%
		8,800만 원 초과	38.5%

- 법인 사업자 절세 예시

예를 들어, ○○법인의 작년 매출액이 5억 원이고 비용이 2억8천만 원이라면 ○○법인은 수익 2억2천만 원을 과세표준으로 계산시 2,688만 원의 법인세가 부가됩니다.

> 과세표준: 2억 이하⇒2억 원×11.2%=2,240만 원
> 과세표준: 2억 초과⇒2천만 원×22.4%=448만 원
> 법인세 총액=2,688만 원

만약 ○○법인이 안마의자 리스를 이용하고 1년간 납부한 총 임대료가 2천만 원이었다면, 수익은 2억 원(⇒2억2천만 원-2천만 원)이 되고, 비용은 3억 원(2억8천만 원+2천만 원)이 됩니다.

이에 따라 수익 2억 원을 과세표준으로 하면 법인세 2,240만 원만 부과되어 448만 원(2,688만 원-2,240만 원=448만 원)의 절세효과를 얻으실 수 있습니다.

이를 통상 리스 약정기간인 3년으로 설정하는 경우 448만 원×3년=1,344만 원의 절세 효과를 얻으실 수 있습니다.

물론 리스 이용료가 크면 클수록 절세효과는 더욱 더 크게 누리실 수 있습니다.

견적서 #3

안마의자	모델명	Body Buddy Royal-7		
	선택사양	STMC-5400	색상	

가격/원가 구성

가격 사항	기본가격	25,000,000	리스종류(기간)	운용리스(39개월)	
	프로모션	3,000,000	등록명의	리스사	
	탁송료		약정	39개월	
	안마의자 가격(리스 이용금액)	22,000,000	만기처리	반납/구매/재리스	
초기부담금		2,500,000	월 납입금(리스료)	39회	690,000
메모	리스 이용 프로모션 3,000,000 리스 이용시 연이율 8% 적용 설치일로부터 18개월 미만 해지시 위약금 - 남은 약정금액의 20% 설치일로부터 18개월 이후 해지시 위약금 - 남은 약정금액의 10%				

견적서 #4

<table>
<tr><td rowspan="2">안마의자</td><td>모델명</td><td colspan="3">Body Buddy Royal-7</td></tr>
<tr><td>선택사양</td><td>STMC-5400</td><td>색상</td><td></td></tr>
</table>

가격/원가 구성

<table>
<tr><td rowspan="4">가격 사항</td><td>기본가격</td><td>25,000,000</td><td>할부 기간</td><td colspan="2">39개월</td></tr>
<tr><td>프로모션</td><td>2,400,000</td><td>등록명의</td><td colspan="2">개인</td></tr>
<tr><td>탁송료</td><td></td><td></td><td colspan="2"></td></tr>
<tr><td>안마의자 가격(할부 이용금액)</td><td>22,600,000</td><td></td><td colspan="2"></td></tr>
<tr><td colspan="2">초기부담금</td><td>2,500,000</td><td>월 납입금 (할부금)</td><td>39회</td><td>590,000</td></tr>
<tr><td>메모</td><td colspan="5">할부 이용 프로모션 2,400,000
할부 이용시 연이율 3% 적용, 선수금 10% 오를 시 할부 연이율 0.5% 하락</td></tr>
</table>

견적서 #5

<table>
<tr><td rowspan="2">안마의자</td><td>모델명</td><td colspan="3">Body Buddy Royal-7</td></tr>
<tr><td>선택사양</td><td>STMC-5400</td><td>색상</td><td></td></tr>
</table>

가격/원가 구성

<table>
<tr><td rowspan="4">가격사항</td><td>기본가격</td><td>25,000,000</td></tr>
<tr><td>프로모션</td><td>1,800,000</td></tr>
<tr><td>탁송료</td><td></td></tr>
<tr><td>안마의자 가격</td><td>23,200,000</td></tr>
<tr><td>메모</td><td colspan="2">일시불 프로모션 1,800,000</td></tr>
</table>

27. 개인이 할부로 안마의자를 구입하는 경우 500만 원의 초기비용을 지불하면 연이율은 몇 %가 적용되는가?

① 2.5% ② 3.0%
③ 3.5% ④ 4.0%

28. 법인사업자가 안마의자를 리스로 이용하다가 20개월이 된 시점에서 약정을 해지한다면 위약금은 얼마인가?

① 1,291,000원 ② 1,301,000원
③ 1,311,000원 ④ 1,321,000원

29. 다음은 우리나라의 학력별, 성별 평균 임금을 비교한 표이다. 이에 대한 옳은 분석을 모두 고른 것은? (단, 고졸 평균 임금은 2014년보다 2016년이 많다.)

구분	2014년	2016년
중졸 / 고졸	0.78	0.72
대졸 / 고졸	1.20	1.14
여성 / 남성	0.70	0.60

㉠ 2016년 중졸 평균 임금은 2014년에 비해 감소하였다.
㉡ 2016년 여성 평균 임금은 2014년에 비해 10% 감소하였다.
㉢ 2016년 남성의 평균 임금은 여성 평균 임금의 2배보다 적다.
㉣ 중졸과 대졸 간 평균 임금의 차이는 2014년보다 2016년이 크다.

① ㉠㉡ ② ㉠㉢
③ ㉡㉢ ④ ㉢㉣

30. 다음은 B씨가 알아본 여행지의 관광 상품 비교표이다. 월요일에 B씨가 여행을 갈 경우 하루 평균 가격이 가장 비싼 여행지부터 순서대로 올바르게 나열한 것은 어느 것인가? (출발일도 일정에 포함, 1인당 가격은 할인 전 가격이며, 가격 계산은 버림 처리하여 정수로 표시함.)

관광지	일정	1인당 가격	비고
가	5일	599,000원	-
나	6일	799,000원	-
다	8일	999,000원	주중 20%할인
라	10일	1,999,000원	주중 50%할인

① 나 – 라 – 가 – 다
② 나 – 가 – 라 – 다
③ 나 – 다 – 가 – 라
④ 가 – 나 – 다 – 라

31. 제시된 글과 다음 <상황>을 근거로 판단할 때, A 도시 시간기준으로 甲이 C 도시에 도착할 수 있는 가장 빠른 시각은?

19세기까지 각 지역에서 시간의 기준점은 태양이 머리 위에 있는 순간, 즉 그림자가 없거나 제일 작은 순간이었다. 문제는 태양이 계속 움직인다(사실은 지구가 자전하는 것이지만)는 사실이었다. 한국의 위도를 기준으로 한다면 지구의 자전속도는 분당 약 20km이다. 조선시대 강릉 관아에서 정오를 알리는 종을 친 후 11분이 지나서야 한양(서울)에서도 정오를 알리는 종을 쳤던 것은 바로 이 때문이다. 그러나 대부분의 사람들이 태어나서 줄곧 한 곳에 살았고 설사 여행을 하더라도 걸어가는 게 다반사였으며, 탈 것을 이용한다 해도 나룻배나 우마차를 타고 다니던 상황에서 이처럼 지역마다 시간이 다른 것은 아무런 문제가 되지 않았다.

철도의 출현은 이러한 상황을 변화시켰다. 철도가 처음으로 만들어진 영국에서는 표준시를 최초로 제정해 각기 다른 시간을 하나로 묶는 일이 진행되었다. 현재 세계 어느 나라를 가더라도 외국인들이 출입하는 호텔의 안내 데스크 뒤쪽 벽면에서 뉴욕이나 런던, 도쿄, 베이징 등 도시 이름이 붙어 있는 여러 개의 시계를 볼 수 있다. 이는 표준시에 근거한 각 도시의 시각을 여행자에게 알려주는 것으로 그리니치 표준시를 기준으로 하기에 가능한 것이다. 과거 표준시가 정착되기 이전에도 오늘날의 호텔처럼 미국의 기차역에는 여러 개의 시계가 걸려 있었다. 다른 점이 있다면 시계 밑에 붙어 있는 명찰에는 서울, 홍콩, 베를린, 파리 같은 도시명 대신 '뉴욕 센트럴 레일웨이'와 '볼티모어 앤 오하이오' 같은 미국의 철도회사 이름이 적혀 있었다는 것이다. 즉 시간의 기준은 철도회사가 정하였고, 이에 따라 철도회사의 수만큼 다양한 시간이 존재했다. 1870년대의 '펜실베니아' 철도회사는 필라델피아 시간을 기준으로 열차를 운행하면서 자신이 운행하는 노선의 역들에 이 기준시간에 따른 시간표를 배포했다. '뉴욕 센트럴 레일웨이'는 그랜드 센트럴 역의 '밴더빌트 시간'을 기준으로 열차를 운행했다. 이 두 회사는 가까운 지역에서 영업을 했는데도 통일된 열차 시간을 공유하지 못했다. 만약 여행자가 피츠버그 역에서 열차를 갈아타야 할 경우 갈아탈 시각과 함께 어느 회사에서 운행하는 열차인지도 알아야 했다. 어느 한 회사의 시간을 기준으로 삼을 경우 다른 회사의 시간표는 무용지물이 되기 일쑤였다.

<상황>

- A도시는 B도시보다 40분 먼저 정오가 되고, C도시보다는 10분 늦게 정오가 된다.
- 'OO 레일웨이'는 A도시의 시간을 기준으로 열차를 운행한다. A도시 발 B도시 행 'OO 레일웨이' 열차는 매시 정각과 30분에 출발하며 운행시간은 3시간이다.
- 'ㅁㅁ캐리어'는 C도시의 시간을 기준으로 열차를 운행한다. B도시 발 C도시 행 'ㅁㅁ캐리어'열차는 매시 15분과 45분에 출발하며 운행시간은 4시간 30분이다.
- 甲은 A도시의 역에 A도시 시간을 기준으로 오전 7시 40분에 도착하여 'OO 레일웨이' 열차로 B도시에 가서 'ㅁㅁ캐리어' 열차를 타고 C도시까지 간다.

※ 열차를 갈아타는 데 걸리는 이동시간은 고려하지 않는다.

① 15시 10분　　② 15시 15분
③ 15시 25분　　④ 15시 35분

32. 다음은 ○○병원의 화장실 위생기구 설치기준이다. 이를 근거로 <보기>의 시설팀 직원 A~D의 판단 중 옳은 사람을 모두 고르면?

-○○병원 신축 시 <화장실 위생기구 설치기준>에 따라 위생기구(대변기 또는 소변기)를 설치하고자 한다.
-남자 화장실에서 위생기구 수가 짝수인 경우 대변기와 소변기를 절반씩 나누어 설치하고, 홀수인 경우 대변기를 한 개 더 많게 설치한다. 여자 화장실에는 모두 대변기를 설치한다.

<화장실 위생기구 설치기준>

기준	각 성별 사람 수(명)	위생기구 수(개)
A	1 ~ 9	1
	10 ~ 35	2
	36 ~ 55	3
	56 ~ 80	4
	81 ~ 110	5
	111 ~ 150	6
B	1 ~ 15	1
	16 ~ 40	2
	41 ~ 75	3
	76 ~ 150	4
C	1 ~ 50	2
	51 ~ 100	3
	101 ~ 150	4

〈보기〉

A. 남자 30명과 여자 30명이 근무할 경우, A 기준과 B 기준에 따라 설치할 위생기구 수는 같다.
B. 남자 50명과 여자 40명이 근무할 경우, B 기준에 따라 설치할 남자 화장실과 여자 화장실의 대변기 수는 같다.
C. 남자 80명과 여자 80명이 근무할 경우, A 기준에 따라 설치할 소변기는 총 4개이다.
D. 남자 150명과 여자 100명이 근무할 경우, C 기준에 따라 설치할 대변기는 총 5개이다.

① A, B
② B, C
③ C, D
④ A, B, D

33. P사에서는 2018년의 예산 신청 금액과 집행 금액의 차이가 가장 적은 팀부터 2019년의 예산을 많이 분배할 계획이다. 4개 팀의 2018년 예산 관련 내역이 다음과 같을 때, 2019년의 예산을 가장 많이 분배받게 될 팀과 가장 적게 분배받게 될 팀을 순서대로 올바르게 짝지은 것은 어느 것인가?

〈2018년의 예산 신청 내역〉

(단위 : 백만 원)

영업2팀	영업3팀	유통팀	물류팀
26	24	32	29

〈2018년의 예산 집행률〉

(단위 : %)

영업2팀	영업3팀	유통팀	물류팀
115.4	87.5	78.1	87.9

※ 예산 집행률 = 집행 금액 ÷ 신청 금액 × 100

① 영업2팀, 유통팀
② 영업3팀, 유통팀
③ 물류팀, 영업2팀
④ 영업3팀, 영업2팀

34. W기관은 업무처리 시 오류 발생을 줄이기 위해 2016년부터 오류 점수를 계산하여 인사고과에 반영한다고 한다. 이를 위해 매월 직원별로 오류 건수를 조사하여 오류 점수를 다음과 같이 계산한다고 할 때, 가장 높은 오류 점수를 받은 사람은 누구인가?

〈오류 점수 계산 방식〉

- 일반 오류는 1건당 10점, 중대 오류는 1건당 20점씩 오류 점수를 부과하여 이를 합산한다.
- 전월 우수사원으로 선정된 경우, 합산한 오류 점수에서 70점을 차감하여 월별 최종 오류 점수를 계산한다.

〈W기관 벌점 산정 기초자료〉

직원	오류 건수(건)		전월 우수사원 선정 여부
	일반 오류	중대 오류	
A	4	15	미선정
B	8	20	선정
C	6	10	미선정
D	5	12	미선정

① A
② B
③ C
④ D

35. 다음에서 설명하는 예산제도는 무엇인가?

모든 예산항목에 대해 전년도 예산을 기준으로 잠정적인 예산을 책정하지 않고 모든 사업계획과 활동에 대해 법정경비 부분을 제외하고 영 기준(zero-base)을 적용하여 과거의 실적이나 효과, 정책의 우선순위를 엄격히 심사해 편성한 예산제도

① 영기준예산제도
② 품목별 예산제도
③ 성과주의예산제도
④ 성인지예산제도

36. 다음 사례에 대한 분석으로 옳은 것은?

자택근무로 일하고 있는 성은은 컴퓨터로 글 작업을 하고 있다. 수입은 시간당 6천원이고 작업하는 시간에 따라 '피로도'라는 비용이 든다. 지수가 하루에 작업하는 시간과 그에 따른 수입(편익) 및 피로도(비용)의 정도를 각각 금액으로 환산하면 다음과 같다.

(단위 : 원)

시간	3	4	5	6	7
총 편익	18,000	24,000	30,000	36,000	42,000
총 비용	8,000	12,000	14,000	15,000	22,000

※ 순편익 = 총 편익 − 총 비용

① 성은은 하루에 6시간 일하는 것이 가장 합리적이다.
② 성은이 1시간 더 일할 때마다 추가로 발생하는 비용은 일정하다.
③ 성은은 자택근무로 하루에 최대로 얻을 수 있는 순편익이 22,000원이다.
④ 성은이 1시간 더 일할 때마다 추가로 발생하는 편익은 계속 증가한다.

37. 다음은 J기업의 직원별 과제 수행 결과에 대한 평가표이다. 가장 나쁜 평가를 받은 사람은 누구인가?

〈직원별 과제 수행 결과 평가표〉

성명	과제 수행 결과	점수
민주	정해진 기한을 넘겨 작업 완료	
석진	주어진 예산 한도 내에서 작업 완료	
정태	계획보다 적은 인원을 투입하여 작업 완료	
수진	예상했던 양의 부품을 사용하여 작업 완료	

① 민주
② 석진
③ 정태
④ 수진

38. 다음의 지원 계획에 따라 연구모임 A~E 중 두 번째로 많은 총 지원금을 받는 모임을 고르면?

- 지원을 받기 위해서는 한 모임당 5명 이상 8명 미만으로 구성되어야 한다.
- 기본지원금 : 한 모임당 150만 원을 기본으로 지원한다. 단, 상품 개발을 위한 모임의 경우는 200만 원을 지원한다.
- 추가지원금 : 연구 계획 사전평가결과에 따라, '상' 등급을 받은 모임에는 구성원 1인당 12만 원을, '중' 등급을 받은 모임에는 구성원 1인당 10만 원을, '하' 등급을 받은 모임에는 구성원 1인당 7만 원을 추가로 지원한다.
- 협업 장려를 위해 협업이 인정되는 모임에는 위의 두 지원금을 합한 금액의 30%를 별도로 지원한다.

모임	상품개발 여부	구성원 수	연구 계획 사전평가결과	협업 인정 여부
A	o	5	상	o
B	x	6	중	x
C	x	7	중	x
D	o	8	하	o

① A　② B
③ C　④ D

39. 다음에서 제시되는 인적자원개발의 의미를 참고할 때, 올바른 설명으로 볼 수 없는 것은?

인적자원개발은 행동의 변화를 통해 개인의 능력과 조직성과 향상을 통해 조직목표 달성 등의 다양한 목적이 제시되고 있다. 현행 「인적자원개발기본법」에서는 국가, 지방자치단체, 교육기관, 연구기관, 기업 등이 인적자원의 양성과 활용 및 배분을 통해 사회적 규범과 네트워크를 형성하는 모든 제반 활동으로 정의하고 있다. 이는 생산성 증대뿐만 아니라 직업준비교육, 직업능력개발을 위한 지속적인 교육에서 더 나아가 평생교육을 통한 국민들의 질적 생활을 향상시키는 데 그 목적을 두고 있다고 할 수 있다. 인적자원정책이라는 것은 미시적으로는 개인차원에서부터 거시적으로는 세계적으로 중요한 정책이며, 그 대상도 개인차원(학습자, 근로자, 중고령자 등), 기업차원, 지역차원 등으로 구분하여 볼 수 있다. 인력자원의 양성정책은 학교 및 교육훈련 기관 등의 교육기관을 통해 학습 받은 학습자를 기업이나 기타 조직에서 활용하는 것을 말한다.

① 인적자원개발의 개념은 교육, 개발훈련 등과 같이 추상적이고 복합적이다.
② 인적자원개발의 방법은 개인의 경력개발을 중심으로 전개되고 있다.
③ 인적자원개발은 가정, 학교, 기업, 국가 등 모든 조직에 확대 적용되고 있다.
④ 인적자원개발의 수혜자는 다양한 영역으로 구성되어 있다.

40. **다음은 L사의 ○○동 지점으로 배치된 신입사원 5명의 인적사항과 부서별 추가 인원 요청 사항이다. 인력관리의 원칙 중 하나인 적재적소의 원리에 의거하여 신입사원들을 배치할 경우에 대한 가장 적절한 설명은?**

〈신입사원 인적사항〉

성명	성별	전공	자질/자격	기타
갑	남	스페인어	바리스타 자격 보유	남미 8년 거주
을	남	경영	모의경영대회 입상	폭넓은 대인관계
병	여	컴퓨터 공학	컴퓨터 활용 능력 2급 자격증 보유	논리적 · 수학적 사고력 우수함
정	남	회계	-	미국 5년 거주, 세무사 사무실 아르바이트 경험
무	여	광고학	과학잡지사 우수편집인상 수상	강한 호기심, 융통성 있는 사고

〈부서별 인원 요청 사항〉

부서명	필요인원	필요자질
영업팀	2명	영어 능통자 1명, 외부인과의 접촉 등 대인관계 원만한 자 1명
인사팀	1명	인사 행정 등 논리 활용 프로그램 활용 가능자
홍보팀	2명	홍보 관련 업무 적합자, 외향적 성격 소유자 등 2명

	영업팀	인사팀	홍보팀
①	갑, 정	병	을, 무
②	을, 병	정	갑, 무
③	을, 정	병	갑, 무
④	병, 무	갑	을, 정

41. **다음은 OO공단의 노사협력 담당 부서의 보고자료이다. 이 자료를 가장 적절하게 평가한 사람은?**

[1] 홉스테드(G. Hofstede)는 IBM의 72개국 종업원을 대상으로 설문조사를 실시하여 사회 문화는 '권력 거리', '개인주의 · 집단주의', '남성주의 · 여성주의', '불확실성 회피'등 총 4개의 차원으로 이루어져 있음을 주장하였다.
-권력 거리(power distance) 차원은 한 문화권의 사람들이 권력의 불공평한 배분을 어느 정도로 수용하는가를 말해주는 차원이다.
-개인주의 · 집단주의(individualism · collectivism) 차원은 대체로 서구 사회와 아시아를 구분하는 뚜렷한 특징이다.
-남성주의 · 여성주의(masculinity · feminity) 차원은 한 문화권에서 업적과 성공을 중시하는지, 아니면 인간관계 지향적이고 행복을 추구하는지를 말해준다.
-불확실성 회피(uncertainty avoidance) 차원은 한 문화권이 얼마나 불확실성과 예측불가능성에 대한 내성을 가지고 있느냐를 말해주는 것이다.
홉스테드는 다양한 사회 문화들에 대한 네 가지 차원의 차이와 유사점을 살펴봄으로써 좀 더 명확하고 체계적으로 문화를 설명하고 이해할 수 있다고 했다.
홉스테드는 후속 연구를 통해 유교적 역동성(confucian dynamism) 차원을 제안했다. 한 문화권의 유교적 역동성이 높을수록 해당 문화는 일반적으로 위계에 따른 질서에 대한 복종이나 검소, 인내 등 유교에서 중시하는 바를 중요하게 여기는 것으로 해석했다.
[2] 홀(Hall)은 고맥락(high-context) 커뮤니케이션 문화에서는 대부분의 정보가 직접적인 언어를 통해 전달되기보다는 상황의 한 부분이거나 개인적으로 내부화해 있다고 주장했다. 이에 반해 저맥락(low-context) 커뮤니케이션 문화는 정보를 가시적으로 분명하게 표현하는 메시지 형태로 전달한다고 주장했다.
[3] 세계 다수의 국가와 문화를 대상으로 조직규범과 관행, 리더십을 연구한 GLOBE(Global Leadership and Organizational Effectiveness) 연구프로그램은 과거 홉스테드의 연구보다 진일보한 대규모 프로젝트다. GLOBE 프로젝트가 분류한 9가지 측면은 권력 거리(power distance), 불확실성 회피(uncertainty avoidance), 제도적 집단주의(institutional collectivism), 소속집단주의(in-group collectivism), 양성평등주의(gender egalitarianism), 자기주장성(assertiveness), 미래지향성(furture orientation), 성과지향성(performance orientation), 인간지향성(humane orientation)으로 분류하고 연구가 진행되었고 현재도 지속되고 있다.

① 최 주임 : 여성발전기본법은 정치 · 경제 · 사회 · 문화의 모든 영역에서 양성평등 이념을 실현하기 위해 제정되었으며 양성평등기본법으로 개정되었다.
② 한 대리 : 조직구성원의 행동을 지배하는 비공식적 분위기가 있음을 이해하고, 직원들의 행동을 결정하는 집단적 가치관이나 규범을 정립해야 한다.

③ 이 팀장 : 리더십 대체이론은 부하특성, 과업특성, 조직특성들이 리더십 행동에 영향을 미치고 있고 리더의 행동을 대체할 수 있다는 이론이다.

④ 김 사원 : 구매 후 인지 부조화란 소비자가 제품구매에 대한 심리적 불편을 겪는 과정으로서, 제품 구매 이후 만족/불만족을 느끼기 전에 자신의 선택이 과연 옳은 것이었는가에 대한 불안감을 느끼는 것을 말한다.

42. **다음은 ○○품질연구원의 교육담당자로 근무하고 있는 L과장의 교육 자료이다. 이 교육 자료에 대한 회사 직원들의 반응으로 가장 적절하지 않은 것은?**

> [역사 속의 오늘 사건] 1903년 6월 16일, 노동 시스템 바꾼 포드 자동차 회사 설립
>
> [1] 헨리 포드는 1903년에 미국 미시간주 디어본에 포드 자동차 회사를 설립한다. 이 포드 자동차 회사는 현대의 노동 시스템을 완전히 획기적으로 바꾸어 놓았다.
>
> [2] 바로 1913년에 컨베이어 벨트 생산 방식을 만들어 대량 생산의 기틀을 마련한 것이다. 사실 이것이 헨리 포드의 가장 큰 업적이자 산업혁명의 정점이라 볼 수 있는데, 이는 산업혁명으로 얻어진 인류의 급격한 기술적 성과를 대중에게 널리 보급하는 기틀을 마련한 것이다. 컨베이어 벨트 등 일련의 기술 발전 덕분에 노동자 숫자가 중요한 게 아니라 기계를 잘 다룰 줄 아는 숙련공의 존재가 중요해졌다. 하지만 숙련공들은 일당에 따라서 공장을 옮기는 게 예사였고, 품질관리와 생산력이라는 측면에서 공장주들에게는 골치 아픈 일이었다.
>
> [3] 이를 한 방에 해결한 게 1914년 '일당 $5'정책이었다. 필요 없는 인력은 해고하되 필요한 인력에게는 고임금과 단축된 근로시간을 제시하였다. 이렇게 되니 오대호 근처의 모든 숙련공이 포드 공장으로 모이기 시작했고, 이런 숙련공들 덕분에 생산성은 올라가고 품질 컨트롤도 일정하게 되었다. 일급을 5달러로 올린 2년 뒤에 조사한 바에 따르면 포드 종업원들의 주택 가격 총액은 325만 달러에서 2,000만 달러로 늘어났고 평균 예금 액수도 196달러에서 750달러로 늘어났다. 바로 중산층이 생겨난 것이다.
>
> [4] 이것은 당시로는 너무나 획기적인 일이라 그 당시 시사만평 같은 매체에서는 포드의 노동자들이 모피를 입고 기사가 모는 자가용 자동차를 타고 포드 공장에 일하러 가는 식으로 묘사되기도 했다. 또한, 헨리 포드는 주 5일제 40시간 근무를 최초로 실시한 사람이기도 하다. 산업혁명 이후 착취에 시달리던 노동자들에겐 여러모로 크게 영향을 미쳤다고 할 수 있다. 헨리 포드가 누누이 말하는 "내가 현대를 만든 사람이야."의 주축이 된 포드 자동차 회사를 설립한 날은 1903년 6월 16일이다.

① A : 기계의 도입으로 노동력을 절감했을 것이다.

② B : 미숙련공들은 포드 자동차 회사에 취업하기 힘들었을 것이다.

③ C : 퇴근 후의 여가 시간 비중이 늘어났을 것이다.

④ D : 자동차를 판매한 이윤으로 더 많은 생산 시설을 늘렸을 것이다.

43. **다음은 국내 화장품 산업의 SWOT분석이다. 주어진 전략 중 가장 적절한 것은?**

> SWOT이란, 강점(Strength), 약점(Weakness), 기회(Opportunity), 위협(Threat)의 머리글자를 모아 만든 단어로 경영 전략을 수립하기 위한 도구이다. SWOT분석을 통해 도출된 조직의 외부/내부 환경을 분석 결과를 통해 각각에 대응하는 전략을 도출하게 된다.
>
> SO 전략이란 기회를 활용하면서 강점을 더욱 강화하는 공격적인 전략이고, WO 전략이란 외부환경의 기회를 활용하면서 자신의 약점을 보완하는 전략으로 이를 통해 기업이 처한 국면의 전환을 가능하게 할 수 있다. ST 전략은 외부환경의 위험요소를 회피하면서 강점을 활용하는 전략이며, WT 전략이란 외부환경의 위협요인을 회피하고 자사의 약점을 보완하는 전략으로 방어적 성격을 갖는다.

내부 / 외부	강점(Strength)	약점(Weakness)
기회 (Opportunity)	SO 전략 (강점-기회 전략)	WO 전략 (약점-기회 전략)
위협 (Threat)	ST 전략 (강점-위협 전략)	WT 전략 (약점-위협 전략)

강점 (Strength)	• 참신한 제품 개발 능력과 상위의 생산시설 보유 • 한류 콘텐츠와 연계된 성공적인 마케팅 • 상대적으로 저렴한 가격 경쟁력
약점 (Weakness)	• 아시아 외 시장에서의 존재감 미약 • 대기업 및 일부 브랜드 편중 심화 • 색조 분야 경쟁력이 상대적으로 부족
기회 (Opportunity)	• 중국 · 동남아 시장 성장 가능성 • 중국 화장품 관세 인하 • 유럽에서의 한방 원료 등을 이용한 'Korean Therapy' 관심 증가
위협 (Threat)	• 글로벌 업체들의 중국 진출(경쟁 심화) • 중국 로컬 업체들의 추격 • 중국 정부의 규제 강화 가능성

외부 \ 내부	강점(Strength)	약점(Weakness)
기회 (Opportunity)	① 색조 화장품의 개발로 중국·동남아 시장 진출	② 다양한 한방 화장품 개발로 유럽 시장에 존재감 부각
위협 (Threat)	③ 저렴한 가격과 높은 품질을 강조하여 유럽 시장에 공격적인 마케팅	④ 한류 콘텐츠와 연계한 마케팅으로 중국 로컬 업체들과 경쟁

44. 다음은 U기업의 조직도와 팀장님의 지시사항이다. 다음 중 K씨가 해야 할 행동으로 가장 적절한 것은?

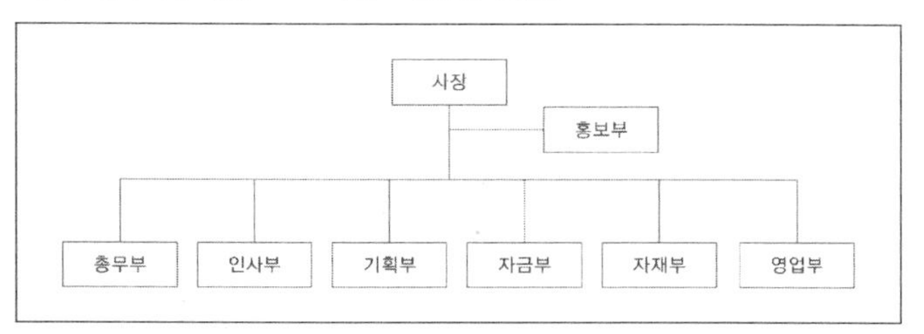

<팀장 지시사항>

K씨, 다음 주에 신규직원 공채시작이지? 실무자에게 부탁해서 공고문 확인하고 지난번에 우리 부서에서 제출한 자료랑 맞게 제대로 들어갔는지 확인해주고 공채 절차하고 채용 후에 신입직원 교육이 어떻게 진행되는지 정확한 자료를 좀 받아와요.

① 인사부에서 신규직원 공채 공고문을 받고, 총무부에서 신입직원 교육 자료를 받아온다.

② 홍보실에서 신규직원 공채 공고문을 받고, 인사부에서 신입직원 교육 자료를 받아온다.

③ 총무부에서 신규직원 공채 공고문과 신입직원 교육 자료를 받아온다.

④ 인사부에서 신규직원 공채 공고문과 신입직원 교육 자료를 받아온다.

45. 다음 중 아래의 조직도를 올바르게 이해한 것은?

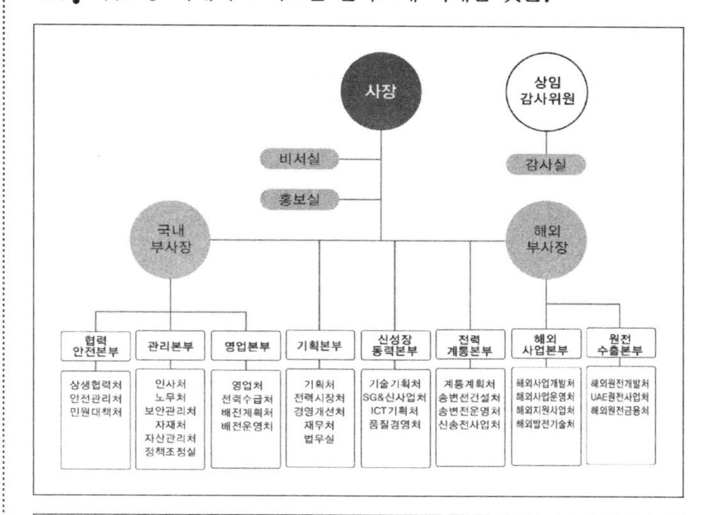

㉠ 사장직속으로는 3개 본부, 13개 처, 2개 실로 구성되어 있다.
㉡ 국내·해외부사장은 각 3개의 본부를 이끌고 있다.
㉢ 감사실은 다른 부서들과는 별도로 상임 감사위원 산하에 따로 소속되어 있다.
㉣ 노무처와 재무처는 서로 업무협동이 있어야 하므로 같은 본부에 소속되어 있다.

① ㉠　　② ㉢
③ ㉡㉢　　④ ㉢㉣

46. 다음 〈보기〉와 같은 조직문화의 형태와 그 특징에 대한 설명 중 적절한 것만을 모두 고른 것은?

〈보기〉

㈎ 위계를 지향하는 조직문화는 조직원 개개인의 능력과 개성을 존중한다.
㈏ 과업을 지향하는 조직문화는 업무 수행의 효율성을 강조한다.
㈐ 혁신을 지향하는 조직문화는 조직의 유연성과 외부 환경에의 적응에 초점을 둔다.
㈑ 관계를 지향하는 조직문화는 구성원들의 상호 신뢰와 인화단결을 중요시한다.

① ㈏, ㈐, ㈑　　② ㈎, ㈐, ㈑
③ ㈎, ㈏, ㈑　　④ ㈎, ㈏, ㈐

47. 다음과 같은 문서 결재 양식을 보고 알 수 있는 사항이 아닌 것은?

출장보고서					
결재	담당	팀장	본부장	부사장	사장
	박 사원 서명	강 팀장 서명	전결	/	본부장

① 박 사원 출장을 다녀왔으며, 전체 출장 인원수는 알 수 없다.

② 출장자에 강 팀장은 포함되어 있지 않다.

③ 팀장 이하 출장자의 출장보고서 전결권자는 본부장이다.

④ 부사장은 결재할 필요가 없는 문서이다.

48. 길동이는 다음과 같이 직장 상사의 지시사항을 전달받았다. 이를 순서대로 모두 수행하기 위하여 업무 협조가 필요한 조직의 명칭이 순서대로 바르게 나열된 것은?

> "길동 씨, 내가 내일 하루 종일 외근을 해야 하는데 몇 가지 업무 처리를 좀 도와줘야겠습니다. 이 서류는 팀장님 결재가 끝난 거니까 내일 아침 출근과 동시에 바로 유관부서로 넘겨서 비용 집행이 이루어질 수 있도록 해 주세요. 그리고 지난번 퇴사한 우리 팀 오 부장님 퇴직금 정산이 좀 잘못되었나 봅니다. 오 부장님이 관계 서류를 나한테 보내주신 게 있는데 그것도 확인 좀 해 주고 결재를 다시 요청해 줘야할 것 같아요. 또 다음 주 바이어들 방문 일정표 다시 한 번 확인해 보고 누락된 사항 있으면 잘 준비해 두고요. 특히 공항 픽업 관련 배차 결재 서류 올린 건 처리가 되었는지 반드시 재점검해 주길 바랍니다. 지난번에 차량 배차에 문제가 생겨서 애먹은 건 길동 씨도 잘 알고 있겠죠? 부탁 좀 하겠습니다."

① 회계팀, 인사팀, 총무팀

② 인사팀, 홍보팀, 회계팀

③ 인사팀, 총무팀, 마케팅팀

④ 총무팀, 회계팀, 마케팅팀

49. '조직몰입'에 대한 다음 설명을 참고할 때, 조직몰입의 유형에 대한 설명으로 적절하지 않은 것은?

> 몰입이라는 용어는 사회학에서 주로 다루어져 왔는데 사전적 의미에서 몰입이란 "감성적 또는 지성적으로 특정의 행위과정에서 빠지는 것"이므로 몰입은 타인, 집단, 조직과의 관계를 포함하며, 조직몰입은 종업원이 자신이 속한 조직에 대해 얼마만큼의 열정을 가지고 몰두하느냐 하는 정도를 가리키는 개념이다. 즉, 조직에 대한 충성 동일화 및 참여의 견지에서 조직구성원이 가지는 조직에 대한 성향을 의미한다. 또한 조직몰입은 조직의 목표와 가치에 대한 강한 신념과 조직을 위해 상당한 노력을 하고자 하는 의지 및 조직의 구성원으로 남기를 바라는 강한 욕구를 의미하기도 한다. 최근에는 직무만족보다 성과나 이직 등의 조직현상에 대한 설명력이 높다는 관점에서 조직에 대한 조직구성원의 태도를 나타내는 조직몰입은 많은 연구의 관심사가 되고 있다.

① '도덕적 몰입'은 비영리적 조직에서 찾아볼 수 있는 조직몰입 형태이다.

② 조직과 구성원 간의 관계가 타산적이고 합리적일 때의 유형은 '계산적 몰입'에 해당된다.

③ 조직과 구성원 간의 관계가 부정적, 착취적 상태인 몰입의 유형은 '소외적 몰입'에 해당된다.

④ '도덕적 몰입'은 몰입의 정도가 가장 낮다고 할 수 있다.

50. 다음과 같은 '갑'사의 위임전결규칙을 참고할 때, 다음 중 적절한 행위로 볼 수 없는 것은? (단, 전결권자 부재 시 차상위자가 전결권자가 된다)

업무내용(소요예산 기준)	전결권자				이사장
	팀원	팀장	국(실)장	이사	
가. 공사 도급					
3억 원 이상					○
1억 원 이상				○	
1억 원 미만			○		
1,000만 원 이하		○			
나. 물품(비품, 사무용품 등) 제조/구매 및 용역					
3억 원 이상					○
1억 원 이상				○	
1억 원 미만			○		
1,000만 원 이하		○			
다. 자산의 임(대)차 계약					
1억 원 이상					○
1억 원 미만				○	
5,000만 원 미만			○		
라. 물품수리					
500만 원 이상			○		
500만 원 미만		○			
마. 기타 사업비 예산집행 기본품의					
1,000만 원 이상			○		
1,000만 원 미만		○			

① 국장이 부재중일 경우, 소요예산 5,000만 원인 공사 도급 계약은 팀장이 전결권자가 된다.

② 소요예산이 800만 원인 인쇄물의 구매 건은 팀장의 전결 사항이다.

③ 이사장이 부재중일 경우, 소요예산이 2억 원인 자산 임대차 계약 건은 국장이 전결권자가 된다.

④ 소요예산이 600만 원인 물품수리 건은 이사의 결재가 필요하지 않다.

51. '내부고발제도'와 관련한 다음의 글을 참고할 때, 내부고발제도를 효과적으로 실행할 수 있는 방안으로 적절하지 않은 것은?

> 내부고발제도가 뿌리 내리기 위해 요구되는 것은 법 제도에 앞선 사회적 인식의 전환이다. 우선 조직을 지배하는 온정주의와 연고주의 문화가 뿌리 뽑혀야 한다. 인간적 관계 때문에 부정행위를 보고도 모른 체하고 넘어가는 조직문화 속에서 내부고발제도는 제대로 작동하기 어렵다. 지난 6월 세계일보 조사 결과, 사소한 관행적인 부정행위를 '신고하겠다.'는 응답은 39.7%에 불과했다. 이 결과의 가장 큰 이유는 조직의 '보복과 불이익'(46.3%) 때문이다. 내부고발자가 "너 혼자 깨끗한 척 하는 바람에 조직이 망가지고 동료 직원이 쫓겨났다."는 비난을 받으면 괜한 일을 했는가라는 좌절감에 빠진다. 따라서 보복행위를 명확히 규정하여 그 처벌을 강화하고, 공익제보자의 포상 및 보상 기준을 높여 경제적 불이익 때문에 실제 내부고발을 주저하는 일이 없게 해야 한다. 그 제도적 대안으로는 부패 몰수자산의 일정액을 공익신고자지원기금으로 조성하여 공익제보자에 대한 실질적 지원에 활용하는 방안을 생각할 수 있다.
>
> 현행 내부고발제도는 본인이 직접 실명 신고했을 경우에만 인정한다. 비밀이 보장되어도 신분이 노출될 수 있다는 두려움 때문에 신고에 나서지 않는 현실을 감안해 변호사나 시민단체를 통한 대리신고 역시 인정되어야 할 것이다. 부득이하게 내부고발자의 신분이 노출된 경우 조직차원에서는 감사·윤리경영 관련 부서에 배치해 관련 업무를 맡기거나 국가 차원에서도 공공기관의 감사부서에서 이들이 일할 수 있는 기회를 적극적으로 제공할 필요가 있다. 결국, 조직의 투명성 강화와 윤리경영은 내부고발제도가 불법행위의 예방제 역할을 할 때 가능하다.

① 내부고발과 개인적인 불평불만은 분명히 구분돼야 하므로 이 둘은 별도의 보고체계를 통해 관리한다.

② 내부고발자의 신원이 확실히 보호될 수 있는 법적, 제도적 장치를 마련해야 한다.

③ 내부고발 정책은 조직 내의 모든 관리자와 직원에게 동일하게 적용되어야 한다.

④ 내부고발자의 상황을 고려해 외부로의 확산을 우선 차단하고 직속상관에게 우선 보고하는 시스템을 마련해야 한다.

52. 다음은 부정청탁금지법의 주요 내용을 정리한 것이다. 이에 대한 올바른 설명이 아닌 것은 어느 것인가?

〈부정청탁 대상 직무〉

대상 직무	
• 인·허가 등 업무 처리 행위	• 공공기관이 생산·공급하는 재화 및 용역의 비정상적 거래 행위
• 행정처분·형벌부과 감경·면제 행위	• 학교 입학·성적 등 업무 처리·조작 행위
• 채용·승진 등 인사 개입 행위	• 징병검사 등 병역 관련 업무 처리 행위
• 공공기관 의사결정 관여 직위 선정·탈락에 개입 행위	• 공공기관이 실시하는 각종 평가·판정 업무 개입
• 공공기관 주관 수상·포상 등 선정·탈락에 개입 행위	• 행정지도·감사 등 결과 조작, 위법사항 묵인 행위
• 입찰·경매 등에 관한 직무상 비밀 누설 행위	• 사건의 수사·재판 등 개입 행위
• 특정인 계약 당사자 선정·탈락에 개입 행위	• 위 14가지의 대상 업무에 대한 지위·권한 남용 행위
• 보조금 등의 배정·지원, 투자 등에 개입 행위	

〈예외 사유〉

- 법령·기준에서 정한 절차·방법에 따른 특정행위 요구
- 공개적으로 특정행위 요구
- 선출직 공직자 등이 공익 목적으로 제3자 고충민원 전달 등
- 법정기한 내 업무처리 요구 등
- 직무·법률관계 확인·증명 등 신청·요구
- 질의·상담을 통한 법령·제도 등 설명·해석 요구
- 기타 사회상규에 위배되지 않는 행위

① 상급자의 부정청탁에 의한 지시라는 걸 알았음에도 거절 의사를 표시하지 않고 해당 지시를 수행할 경우 하급자도 처벌대상이 된다.

② 부정청탁에 의한 부정행위가 실현되지 않은 경우엔 '미실현 청탁 행위'가 되어 제재를 받지 않는다.

③ 전기, 수도요금 등 공과금이 부정에 의해 비정상적으로 청구된다면, 당연히 부정청탁금지법에 해당된다.

④ 공공기관에 대한 불만 사항을 공개적으로 요청을 하면 청탁금지법에는 해당되지 않는다.

53. 다음 중 직업윤리로 준수해야 할 덕목의 하나인 '책임'을 강조한 사례가 아닌 것은 어느 것인가?

① 중요한 계약을 성사시키기 위해 아내의 출산 소식에도 끝까지 업무를 수행한 A과장

② 실적 부진의 원인으로 자신의 추진력과 영업력이 부족했음을 인정한 B팀장

③ 매일 출근시간 한 시간 전에 나와 운동을 하며 건강관리에 소홀함이 없는 C대리

④ 본인이 선택한 일이니 그에 따른 결과 역시 다른 누구의 탓도 아니라는 D팀장

54. 다음은 채용비리와 관련한 실태와 문제점을 제기한 글이다. 다음 글에서 제기된 문제점을 보완할 수 있는 방안으로 적절한 것을 〈보기〉에서 모두 고른 것은?

> 공직 유관단체 채용비리 특별점검 결과 272개 대상 기관 중 200개 기관에서 적발 건이 발생되었다. 적발 건수의 합계는 무려 946건으로 기관 당 평균 5건에 육박하는 수치이다. 그러나 채용비리 연루자 및 부정합격자 등에 대한 제재 근거 미흡하다는 지적이 제기되고 있다. 공직유관단체 대다수의 기관이 채용비리 연루 직원 업무배제, 면직, 부정합격자 채용취소 등에 관한 내부 규정 미비로 인하여 연루 기관장 등 임원에 대한 해임 이외의 다른 제재수단이 없는 것을 드러났다. 채용비리 연루자 중 수사의뢰(징계요구)된 기관의 임직원에 대해 근거규정이 없어 업무배제가 불가하며, 범죄사실과 징계여부가 확정되기까지는 최소 3개월의 시간이 소요된다는 것 또한 문제점을 해소하는 데 걸림돌이 되고 있다.

〈보기〉

(가) 채용비리 예방을 위해 부정청탁 또는 비리 내용을 홈페이지 등에 공개한다.
(나) 채용비리로 수사의뢰 되거나 징계 의결 요구된 경우 해당 직원을 즉시 업무 배제할 수 있는 근거를 마련한다.
(다) 채용비리의 징계시효를 연장하는 규정을 마련한다.
(라) 채용 관리 및 면접 위원 구성의 투명성과 평가 기준의 공정성을 확보한다.

① (가), (나), (다), (라)

② (나), (다), (라)

③ (가), (다), (라)

④ (가), (나), (라)

55. A공사의 성희롱 방지 관련 다음 규정을 참고할 때, 규정의 내용에 부합하지 않는 설명은 어느 것인가?

> 제○○조(피해자 등 보호 및 비밀유지) ① 위원장(인사·복무 등에 관한 권한을 위원장으로부터 위임받은 자를 포함한다)은 피해자 등, 신고자, 조력자에 대하여 고충의 상담, 조사신청, 협력을 이유로 다음 각 호의 어느 하나에 해당하는 불리한 처우를 하여서는 아니 된다.
> 1. 파면, 해임, 그 밖에 신분상실에 해당하는 불이익 조치
> 2. 징계, 정직, 감봉, 강등, 승진 제한 등 부당한 인사조치
> 3. 직무 미부여, 직무 재배치, 그 밖에 본인의 의사에 반하는 인사조치
> 4. 성과평가, 동료평가 등에서 차별이나 그에 따른 임금 또는 상여금 등의 차별 지급
> 5. 직업능력 개발 및 향상을 위한 교육훈련 기회의 제한
> 6. 집단 따돌림, 폭행 또는 폭언 등 정신적·신체적 손상을 가져오는 행위를 하거나 그 행위의 발생을 방치하는 행위
> 7. 그 밖에 피해를 주장하는 자, 조사 등에 협력하는 자의 의사에 반하는 불리한 처우
>
> ② 위원장은 피해자등의 의사를 고려하여 행위자와의 업무분장·업무공간 분리, 휴가 등 적절한 조치를 취해야 한다.
> ③ 성희롱·성폭력 사건 발생 시 피해자 치료 지원, 행위자에 대한 인사 조치 등을 통해 2차 피해를 방지하고 피해자의 근로권 등을 보호하여야 한다.
> ④ 고충상담원 등 성희롱·성폭력 고충과 관계된 사안을 직무상 알게 된 자는 사안의 조사 및 처리를 위해 필요한 경우를 제외하고는 사안 관계자의 신원은 물론 그 내용 등에 대하여 이를 누설하여서는 아니 된다.

① 성희롱을 목격하여 신고한 사람에게 인사상 불이익을 주어서는 안 된다고 설명하였다.
② 성희롱 피해자가 원할 경우, 직장에서는 행위자와의 격리 조치를 취해주어야 한다고 설명하였다.
③ 성희롱 사건을 직무상 알게 된 사람이 피해자의 이름을 누설하는 것은 규정 위반이라고 설명하였다.
④ 성희롱 피해 당사자에게는 우선 어떠한 직무도 부여하지 말고 절대 휴식을 주어야 한다고 설명하였다.

56. 다음 글과 같은 친절한 서비스를 제공하기 위해서 금지해야 할 행위로 적절하지 않은 것은?

> 고객이 서비스 상품을 구매하기 위해서는 입구에 들어올 때부터 나갈 때까지 여러 서비스 요원과 몇 번의 짧은 순간을 경험하게 되는데 그때마다 서비스 요원은 모든 역량을 동원하여 고객을 만족시켜 주어야 하는 것이다. 이를 뒷받침하기 위해서는 고객접점에 있는 서비스 요원들에게 권한을 부여하고 강화된 교육이 필요하며, 고객과 상호작용에 의하여 서비스가 순발력 있게 제공될 수 있는 서비스 전달시스템을 갖추어야 한다. 고객은 윗사람에게 결재의 여유를 주지 않을 뿐만 아니라 기다리지도 않는다.

① 고객에게 짧은 시간에 결정적이고 좋은 인상을 심어주려는 행위
② 고객을 방치한 채 업무자끼리 대화하는 행위
③ 고객이 있는데 화장을 하거나 고치는 행위
④ 개인 용무의 전화 통화를 하는 행위

57. 다음은 '기업의 직업윤리'의 중요성을 다루는 세미나에서 제공된 발표 자료의 일부이다. 이에 대한 설명으로 적절하지 않은 것은?

> 외국인 투자자들은 최근 한국 기업의 기업 윤리 행태에 대해 비판의 목소리를 높이고 있죠. 투자자의 신뢰를 배신한 한국 기업이라고 구체적으로 지칭하며, 이들에 대한 지분율을 낮추는 등 보유 주식을 대거 처분하고 있는 모습을 보이고 있습니다. 특히 가짜 백수오 사건으로 물의를 일으키는 N사가 대표적인데요. N사는 건강 기능성식품을 제조하면서 진짜 백수오가 아닌, 인체에 유해한 물질을 넣었었죠. 이 같은 사실이 공개되기 직전에 내부 임원들이 수십억 원대의 보유 주식을 매각한 사실까지 드러나면서 엄청난 비난이 쏟아지기도 했습니다. 이러한 행태에 분노한 외국인들은 N사의 주식을 대규모로 매각했고, 주가는 한 달 만에 82% 이상 폭락했죠. 문제는 N사와 같은 행태가 한국 기업 내에서 어렵지 않게 보인다는 것입니다. 국내 최대 자동차기업 중 하나인 Z사는 10조 원이 넘는 지출을 통해 부지를 매입했는데, 이것에 대해 외국인 투자자들은 비상식적인 경영 행위로 판단하고, 경영진에게 일침을 가하기도 했습니다.

① 투자자들은 기업의 경영 방침에 대해 지적하고 간섭할 권리가 있다.
② 한국 기업 경영진들은 종종 자신의 이득만을 위해 정보를 조작하는 등 투명하지 않은 모습을 보이기 때문에 국민들에게 비난의 대상이 되기도 한다.

③ 정보 통신의 발달로 인해 기업들의 정직하지 못한 행태가 쉽게 확인 가능하게 되면서, 기업의 공정에 대한 윤리의식이 기업의 성과에 매우 중요한 요인이 되고 있다.

④ 기업들은 브랜드 이미지를 관리하기 위해 SNS 모니터링, 홍보단 등을 구성하고 운영할 필요가 있다.

58. **다음은 A기관 민원실에 걸려 있는 전화 민원 응대 시 준수사항이다. 밑줄 친 ㈎~㈑ 중 전화 예절에 어긋나는 것은?**

- 전화는 항상 친절하고 정확하게 응대하겠습니다.
- 전화는 전화벨이 세 번 이상 울리기 전에 신속하게 받겠으며, ㈎ 전화 받은 직원의 소속과 이름을 정확히 밝힌 후 상담하겠습니다.
- ㈏ 통화 중에는 고객의 의견을 명확히 이해하기 위하여 고객과의 대화를 녹취하여 보관하도록 하겠습니다.
- 고객의 문의 사항에 대해서는 공감하고 경청하며, 문의한 내용을 이해하기 쉽게 충분히 설명하겠습니다.
- 부득이한 사정으로 전화를 다른 직원에게 연결할 경우에는 먼저 고객의 양해를 구한 후 신속하게 연결하겠으며, ㈐ 통화 요지를 다른 직원에게 간략하게 전달하여 고객이 같은 내용을 반복하지 않도록 하겠습니다.
- 담당 직원이 부재중이거나 통화 중일 경우에는 고객에게 연결하지 못하는 이유를 설명하고 ㈑ 유선 민원 접수표를 담당 직원에게 전달하여 빠른 시간 내에 연락드리겠습니다.
- 고객의 문의 사항에 즉시 답변하기 어려울 때는 양해를 구한 후 관련 자료 등을 확인하여 신속히 답변 드리겠습니다.
- 고객과 상담 종료 후에는 추가 문의 사항을 확인한 다음 정중히 인사하고, 고객이 전화를 끊은 후에 수화기를 내려놓겠습니다.
- 직원이 고객에게 전화를 할 경우에는 본인의 소속과 성명을 정확히 밝힌 후에 답변 드리겠습니다.

① ㈎

② ㈏

③ ㈐

④ ㈑

59. **다음은 B공사의 윤리경영에 입각한 임직원 행동강령의 일부이다. 주어진 행동강령에 부합하는 설명이 아닌 것은?**

제○○조(금품 등을 받는 행위의 제한)

① 임직원(배우자 또는 직계 존·비속을 포함한다.)은 직무관련자나 직무관련임직원으로부터 금전, 부동산, 선물, 향응, 채무면제, 취업제공, 이권부여 등 유형·무형의 경제적 이익을 받거나 요구 또는 제공받기로 약속해서는 아니 된다. 다만, 다음 각 호의 어느 하나에 해당하는 경우에는 그러하지 아니하다.

1. 친족이 제공하는 금품 등
2. 사적 거래로 인한 채무의 이행 등에 의하여 제공되는 금품 등
3. 원활한 직무수행 또는 사교·의례의 목적으로 제공될 경우에 한하여 제공되는 3만 원 이하의 음식물·편의 또는 5만 원 이하의 소액의 선물
4. 직무와 관련된 공식적인 행사에서 주최자가 참석자에게 통상적인 범위에서 일률적으로 제공하는 교통·숙박·음식물 등의 금품 등
5. 불특정 다수인에게 배포하기 위한 기념품 또는 홍보용품 등
6. 특별히 장기적·지속적인 친분관계를 맺고 있는 자가 질병·재난 등으로 어려운 처지에 있는 임직원에게 공개적으로 제공하는 금품 등
7. 임직원으로 구성된 직원 상조회 등이 정하는 기준에 따라 공개적으로 구성원에게 제공하는 금품 등
8. 상급자가 위로, 격려, 포상 등의 목적으로 하급자에게 제공하는 금품 등
9. 외부강의·회의 등에 관한 대가나 경조사 관련 금품 등
10. 그 밖에 다른 법령·기준 또는 사회상규에 따라 허용되는 금품 등

② 임직원은 직무관련자였던 자나 직무관련임직원이었던 사람으로부터 당시의 직무와 관련하여 금품 등을 받거나 요구 또는 제공받기로 약속해서는 아니 된다. 다만, 제1항 각 호의 어느 하나에 해당하는 경우는 제외한다.

① 임직원의 개인적인 채무 이행 시의 금품 수수 행위는 주어진 행동강령에 의거하지 않는다.

② 3만 원 이하의 음식물·편의 제공은 어떤 경우에든 가능하다.

③ 어떠한 경우이든 공개적으로 제공되는 금품은 문제의 소지가 현저히 줄어든다고 볼 수 있다.

④ 직원 상조회 등으로부터 금품이 제공될 경우, 그 한도액은 제한하지 않는다.

60. 동진이는 팀원들과 함께 아이디어 회의를 하고 있는 중이다. 다양한 아이디어를 수집하여 정리하고 토론을 하였다. 다음 중 '직무책임'에 관하여 틀린 의견을 낸 사람은 누구인가?

① 김대리 – 내가 해야 할 직무를 개인적인 일보다 우선적으로 수행해야 합니다.

② 이대리 – 내가 해야 할 직무를 행함에 있어서, 역할과 책임을 명확하게 해야 합니다.

③ 신주임 – 자신의 고유직무만 아니라 소속팀의 공동직무도 공동책임입니다.

④ 정과장 – 직무수행 중 일어난 과실에 대해서는 법적 책임만 져야 합니다.

종합직무지식평가(50문항/50분)

1. 관절의 형태와 그에 해당하는 예로 옳지 않은 것은?

① 경첩관절 : 팔꿉관절, 발목관절

② 절구관절 : 어깨관절, 엉덩관절

③ 활주관절 : 봉우리빗장관절, 손목뼈사이관절

④ 타원관절 : 몸쪽노자관절, 손허리손가락관절

⑤ 평면관절 : 손목뼈사이관절, 발목뼈사이관절

2. 척추뼈에 대한 설명으로 옳지 않은 것은?

① 목뼈 1번(atlas)은 가시돌기가 없다.

② 등뼈는 12개로 이루어져 있다.

③ 허리뼈에서 가장 큰 움직임은 좌우 회전이다.

④ 엉치뼈는 몸통이 굽힘하는 동안 폄한다.

⑤ 목뼈, 등뼈, 허리뼈, 엉치뼈, 꼬리뼈로 구성되어 있다.

3. 다음과 같은 증상을 보이는 환자의 안압을 조절하기 위해서 안구 방수를 배출하고자 한다. 이때 조치를 하게 되는 부위는?

- 두통
- 정면의 물체는 잘 보이지만, 주변 물체는 잘 보이지 않음
- 밝은 곳에서 주변 시야가 흐려짐
- 왼눈 안압 35mmHg, 오른눈 안압 30mmHg (참고치 18~21)

① 각막 ② 맥락막

③ 섬모체돌기 ④ 공막정맥굴

⑤ 눈꺼풀판샘

4. 임신하지 않은 여성의 자궁은 앞으로 굽어진 형태를 띤다. 해부학자세를 기준으로 가장 앞쪽에 위치하는 자궁의 부분은?

① 자궁목 ② 자궁바닥

③ 자궁몸통 ④ 자궁구멍

⑤ 자궁협부

5. 봉우리밑 공간에서 일어나는 어깨 충돌 증후군을 유발하는 신체부위는?

① 큰원근
② 가시위근
③ 어깨올림근
④ 위등세모근
⑤ 위팔두갈래근의 작은 머리

6. 엉덩관절 굽힘에 가장 크게 기여하는 근육은?

① 엉덩허리근
② 넙다리빗근
③ 넙다리곧은근
④ 넙다리네갈래근
⑤ 넙다리근막긴장근

7. 환자의 양 어깨를 양손으로 누르면서 환자에게 어깨를 올려보라고 하여 등세모근으로 어깨뼈의 올림을 확인하는 신경학적 검사는 어느 신경을 검사하기 위한 것인가?

① 미주신경
② 더부신경
③ 삼차신경
④ 겨드랑신경
⑤ 위어깨신경

8. 다음 중 엎침과 뒤침 동작이 가능한 관절은?

① 팔꿉관절
② 어깨관절
③ 몸쪽노자관절
④ 손목손허리관절
⑤ 발허리발가락관절

9. 노화로 인한 근 손실에 대한 설명으로 가장 옳지 않은 것은?

① 규칙적인 운동으로 예방 혹은 지연이 불가능하다.
② 주로 속근 섬유에서 발생한다.
③ 50~80세 사이에서 인생 최대치의 약 40%가 감소한다.
④ 사용저하로 인한 근위축이 주요 원인으로 작용한다.
⑤ 근육량의 감소뿐 아니라 근육의 질이 나빠지는 것을 포함한다.

10. 호흡 · 순환계의 가스 확산 원리에 대한 설명으로 옳은 것을 모두 고르면?

> ㉠ 대기 중 이산화탄소 분압은 폐포(alveoli)의 이산화탄소 분압보다 낮다.
> ㉡ 폐동맥의 산소 분압은 폐정맥의 산소 분압보다 낮다.
> ㉢ 대동맥의 산소 분압은 대정맥의 산소 분압보다 낮다.

① ㉠　　② ㉠㉡
③ ㉠㉢　　④ ㉡㉢
⑤ ㉠㉡㉢

11. 혈전색전증으로 와파린을 처방 받아 복용하던 60대 여성에게 출혈이 발생하였다. 다음 중 적절한 치료제는?

① 칼슘　　② 포도당
③ 비타민 D　　④ 비타민 K
⑤ 혈소판

12. 중강도 장시간 운동 시 시간경과에 따라 혈중 농도가 점차 감소하는 호르몬은?

① 에피네프린　　② 인슐린
③ 성장호르몬　　④ 코르티솔
⑤ 글루카곤

13. 수축기압이 126mmHg이고 이완기압이 90mmHg일 때, 평균 동맥압은 얼마인가?

① 약 96mmHg ② 약 102mmHg
③ 약 108mmHg ④ 약 114mmHg
⑤ 약 120mmHg

14. 세포손상의 유형에 대한 설명으로 옳은 것은?

① 괴사는 자기방어의 세포자살기전이다.
② 화생은 세포성분의 비정상적인 성장과 성숙이다.
③ 증식은 기관 또는 조직의 세포 수 증가이다.
④ 이형성은 분화된 세포 형태의 다른 형태로의 전환이다.
⑤ 세포자멸사는 병리적 세포손상이다.

15. 다음의 증상 및 징후가 모두 나타나는 심부전의 유형으로 가장 적절한 것은?

- 간 및 복부 장기의 부종
- 구역질, 복부통증, 복부팽만
- 정맥압의 증가로 인한 목 정맥의 확장과 뇌부종

① 폐울혈 심부전
② 전신울혈 심부전
③ 좌심실 심부전
④ 우심실 심부전
⑤ 급성 심부전

16. 사람의 지방조직은 갈색지방과 백색지방으로 나누어지는데 갈색지방은 백색지방과 달리 지방산을 열에너지로 소모할 수 있다. 갈색지방이 분해되어 열을 생성하는 이 과정과 관련된 세포내 소기관은?

① 골지체 ② 리보솜
③ 용해소체 ④ 조면소포체
⑤ 미토콘드리아

17. 100m 단거리 전력 질주에서는 초기 5초 이내와 이후의 근육 에너지의 주요 공급원이 다르다. 다음 중 그 변화를 바르게 나타낸 것은?

① 인산 크레아틴 → 간 글리코겐
② 인산 크레아틴 → 근육 글리코겐
③ 근육 글리코겐 → 인산 크레아틴
④ 근육 내 젖산 → 혈중 중성지방
⑤ 근육 글리코겐 → 혈중 아미노산

18. 당뇨 환자는 호흡에서는 새콤달콤한 과일 냄새가 난다. 이 과일 냄새의 원인 물질에 대한 설명으로 가장 적절한 것은?

① 대부분 간에서 생성된다.
② 평상시 뇌의 주된 에너지원이다.
③ 인슐린이 직접 생성을 조절한다.
④ 속도제한효소는 HMG-CoA lyase이다.
⑤ 말초조직에서 혈액 내 글루코스를 이용한다.

19. 황색판종의 발생과 관련성이 가장 높은 것은?

① 지방산 대사 이상
② 인슐린 분비 이상
③ 아미노산 대사 이상
④ 포도당 합성 이상
⑤ 콜레스테롤 대사 이상

20. 태어난 지 5일 된 미숙아가 모유를 먹은 뒤 끈적끈적하고 검붉은 피가 섞여 나오는 변을 보았다고 할 때, 그 처방으로 비타민을 투여한다면 가장 적절한 것은?

① 비타민 A ② 비타민 C
③ 비타민 D ④ 비타민 E
⑤ 비타민 K

21. 아버지의 생식세포 제1감수분열 과정에서 성염색체가 분리되지 않았다면, 태어날 자식의 핵형으로 가능성이 가장 높은 것은? (단, 배우자는 정상염색체수를 지닌다)

① 45, Y ② 46, YY
③ 47, XXY ④ 47, XYY
⑤ 47, XYX

22. 식도정맥류, 치핵의 발생에 공통적으로 관여하는 혈류 역동학적 장애는?

① 부종 ② 출혈
③ 울혈 ④ 충혈
⑤ 잠혈

23. 터너 증후군의 핵형으로 옳은 것은?

① 45, Y ② 45, X
③ 47, XXY ④ 47, XYY
⑤ 47, XYX

24. 코막힘과 두통을 유발하는 부비동염, 폐렴 등을 일으키는 기회감염성 진균은?

① 칸디다 ② 알터나리아
③ 보트리티스 ④ 크립토코쿠스
⑤ 아스페르길루스

25. 20대 청년이 몇 달간 이어지는 만성피로와 체중감소, 발열로 병원을 찾았다. 흉부 엑스레이에서 폐실질에 여러 개의 작은 결절이 관찰되었고 경부 림프절이 커져 있었으며, 조직검사상 만성 육아종성 염증이 보였다. 진단명으로 가능한 것은?

① 매독 ② 결핵
③ 한센병 ④ 광견병
⑤ 파리노드증후군

26. 다형성 선종에 대한 설명으로 옳지 않은 것은?

① 양성 종양이다.
② 성장 속도가 빠르다.
③ 귀밑샘 종양이 약 60%를 차지한다.
④ 주변 정상 침샘과 경계가 분명하다.
⑤ 유동성의 무통성 종괴로 나타난다.

27. 편평상피세포암의 가장 중요한 원인은?

① 흡연 ② 비만
③ 방사능 ④ 알코올
⑤ 미세먼지

28. 다음에서 설명하는 질환은?

- 하부식도괄약근이 수축되지 않아 위의 내용물이 역류
- 흉부 작열감, 위액 역류 등의 증상
- 위내시경 검사, 24시간 식도 산도검사 수행

① 칸디다증 ② 위샘암종
③ 위식도역류 ④ 식도정맥류
⑤ 이질아메바증

29. 다음 중 일회용 주사기, 플라스틱 수술 도구 등을 멸균하는 데 가장 적절한 방법은?

① 염소 ② 자외선
③ 고압증기 ④ 에틸렌옥사이드
⑤ 음이온계면활성제

30. 동남아 여행에서 모기에 물리고 나서 피부발진과 심한 근육통, 관절통 등이 나타났다고 하였을 때, 이 질병의 원인 바이러스는?

① 지카 바이러스 ② 노로 바이러스
③ 뎅기 바이러스 ④ 메르스 바이러스
⑤ 코로나 바이러스

31. 다음은 세균성장곡선상 어느 시기에 대한 설명인가?

> 에너지와 영양분이 고갈되었을 때이며, 전 단계 후반에서의 특성들을 유지한다.

① 유지기 ② 대수증식기
③ 정지기 ④ 사멸기
⑤ 지속적 감소기

32. 다음 설명에 해당하는 질병의 병원체는?

> • 주로 가을철에 많이 발생한다.
> • 매개충은 털진드기이다.
> • 겨드랑이, 사타구니 등에서 가피가 관찰된다.
> • 잠복기는 1~3주이고, 오한, 발열, 두통 등의 초기 증상이 발생한다.

① dengue virus
② Coxiella burnetii
③ Salmonella Typhi
④ Borrelia burgdorferi
⑤ Orientia tsutsugamushi

33. 불활성화 사멸백신에 대한 설명 중 옳은 것은?
① 백신에 의한 감염 위험이 크다.
② 열에 의해 쉽게 항원성이 변성된다.
③ 점막면역의 효과적인 유도가 가능하다.
④ IgG 생성을 유도하여 방어력을 갖게 한다.
⑤ 세포매개면역의 효과적인 유도가 가능하다.

34. 수족구병의 병원균은?
① Influenza virus
② Measles virus
③ Coxsackie virus
④ Varicella zoster virus
⑤ Human papilloma virus

35. 세포 내 박테리아 감염 시 큰포식세포(대식세포)에서 주로 분비되는 사이토카인으로 킬러 T세포의 성숙과 증식을 도와 면역 반응을 강화하는 것은?
① IL-6 ② IL-9
③ IL-12 ④ IL-15
⑤ IL-20

36. 질편모충증에 대한 설명으로 옳지 않은 것은?
① 성적 접촉으로 전파된다.
② 증상이 없는 남성이 감염원이 된다.
③ 질 내 정상 산도가 내려가게 된다.
④ 백혈구의 침윤이 관찰된다.
⑤ 치료제로 metronidazol이 사용된다.

37. 다음 중 바이러스성 전염병에 해당하지 않는 것은?
① 유행성 간염 ② 폴리오
③ 홍역 ④ 유행성 이하선염
⑤ 성홍열

38. 제1중간숙주는 다슬기, 제2중간숙주는 가재, 게인 기생충 질환은?
① 간디스토마 ② 폐디스토마
③ 유구조충 ④ 광절열두조충
⑤ 무구조충

39. 다음 중 기생충의 분류와 이에 해당하는 기생충들의 연결이 바르지 않은 것은?
① 흡충류 – 요코가와 흡충, 만손주혈충
② 선충류 – 고래회충, 트리코모나스
③ 조충류 – 광절열두조충, 왜소조충
④ 원충류 – 말라리아 원충, 리슈마니아
⑤ 편모충류 – 볼복스, 옥시모나스

40. 말라리아 치료의 초기 약제로 사용되는 것은?

① 클로로퀸 ② 메플로퀸
③ 알벤다졸 ④ 이버멕틴
⑤ 독시싸이클린

41. 고래회충증에 대한 설명으로 옳지 않은 것은?

① 고래회충, 바다표범회충 등의 유충이 원인충이다.
② 전 세계적으로 A. simplex가 가장 흔하다.
③ 고래에서 나온 egg가 L2 상태로 부화하고 해산갑각류, 바다생선 등에서 L3으로 성장한다.
④ 생선회를 먹은 후 3~6시간 후 복통, 상복부 불쾌감 등이 나타나는 것이 주요 증상이다.
⑤ 효과적인 구충제로 praziquantel과 albendzole이 있다.

42. 광절열두조충에 의한 위장관 부작용이 만성적으로 진행되면 gastric intrinsic factor가 결핍되어 이것의 결핍이 발생한다. 이것은 무엇인가?

① 칼슘 ② 철분
③ 비타민 B_1 ④ 비타민 B_{12}
⑤ 비타민 C

43. 옴진드기감염증에 대한 설명으로 옳지 않은 것은?

① 옴진드기는 위생상태가 열악한 지역에서 유행한다.
② 암컷이 0.3㎟ 정도로 작고 수컷은 암컷의 절반 정도이다.
③ 분변-구강 경로로 감염된다.
④ 가장 중요한 증상은 충체가 배출하는 대사산물에 의한 가려움증이다.
⑤ 치료는 살충제 계열인 BB 로션이나 BHC 로션을 사용하면 효과적이다.

44. 공적연금의 재원조달방식 중 부과방식에 대한 설명으로 옳지 않은 것은?

① 제도를 도입함과 동시에 급여를 지급할 수 있다.
② 세대 간 소득재분배가 발생한다.
③ 적립방식에 비해 인플레에 취약하다.
④ 인구노령화에 따른 인구구조의 변화에 취약하다.
⑤ 1년을 수지단위로 한다.

45. 공공부조의 원리들 중 빈곤함정(poverty trap)의 유발 원인과 가장 직접적으로 연관된 것은?

① 생존권 보장의 원리
② 국가책임의 원리
③ 무차별 평등의 원리
④ 보충성의 원리
⑤ 자립조성의 원리

46. 「국민연금법」에 따른 용어의 정의가 잘못된 것은?

① 사용자란 해당 근로자가 소속되어 있는 사업장의 사업주를 말한다.
② 평균소득월액이란 매년 사업장가입자 및 지역가입자 전원의 기준소득월액을 평균한 금액을 말한다.
③ 사업장가입자란 사업장에 고용된 근로자 및 사용자로서 국민연금에 가입된 자를 말한다.
④ 부담금이란 사업장가입자인 근로자가 부담하는 금액을 말한다.
⑤ 수급권이란 「국민연금법」에 따른 급여를 받을 권리를 말한다.

47. 다음 중 「국민연금법」에서 규정하고 있는 급여가 아닌 것은?

① 노령연금 ② 장애연금
③ 휴직연금 ④ 유족연금
⑤ 반환일시금

48. **우리나라 노인장기요양보험법령에 대한 내용으로 옳은 것은?**

① 장기요양급여는 의료서비스와 연계하여 제공하기가 용이한 시설급여를 재가급여보다 우선적으로 제공하여야 한다.

② 장기요양등급은 장기요양등급판정위원회에서 판정하고, 세밀한 판정을 위해 7개 등급의 체계로 운용한다.

③ 「노인장기요양보험법」은 고령이나 노인성 질병 등의 사유로 일상생활을 혼자서 수행하기 어려운 노인등에게 제공하는 신체활동 또는 가사활동 지원 등의 장기요양급여에 관한 사항을 규정하고 있다.

④ 노인장기요양보험의 관리운영기관은 노후생활과 밀접히 연관이 되어 있는 국민연금공단이다.

⑤ 장기요양보험료는 건강보험료와 분리하여 징수한다.

49. **각종 연금에 대한 설명으로 옳지 않은 것은?**

① 농지연금은 신청일 기준으로부터 과거 5년 이상 영농경력 조건을 갖추어야 한다.

② 주택연금은 부부 중 한 명이 만 60세 이상으로 1가구 1주택 소유자면 신청가능하다.

③ 기초연금은 만 65세 이상 전체 어르신 중 가구의 소득인정액이 선정기준액 이하인 분들게 지급한다.

④ 유족연금은 가입기간에 따라 일정률(40~60%)의 기본연금액에 부양가족연금액을 합산하여 지급한다.

⑤ 국민연금 가입자 중 만 60세 이상으로 국민연금보험료 납입개월 수가 120개월 미만인 자가 임의계속가입을 희망하지 않을 경우 반환일시금을 지급한다.

50. **다음 중 공공부조와 관계있는 것을 모두 고르면?**

> ㉠ 최저생계비
> ㉡ 최저임금제
> ㉢ 국민기초생활보장제도
> ㉣ 고용보험

① ㉠㉡ ② ㉠㉢

③ ㉡㉢ ④ ㉡㉣

⑤ ㉢㉣

서 원 각
www.goseowon.com